爆笑問題の戦争論

爆笑問題

幻冬舎

プロローグ

田中――日本史原論シリーズ。今回は戦争論ということで、日本が体験した戦争についてなんだけど。

太田――いよいよ始まるね。宣戦布告だ！

田中――お前が戦ってどうすんだよ！　しかし我々は昭和40年生まれで、戦争なんか全く知らない世代なんだけど、今の若い人の中にはかつて日本とアメリカが戦争をしたってこと自体知らない人がいるらしいよね。

太田――それどころか、板東英二さんが野球選手だったたってことを知らない奴もいるらしいからな。

田中――それはいたっていいよ！

太田――へたすりゃ、大橋巨泉さんが元々ジャズ評論家だったたってことを知らない奴もいるらしいぜ。

田中――大半は知らないよ！

太田――もっとヒドイのになると、『あしたのジョー』のモデルが、たこ八郎だったたってことも……。

田中――うるせえよ！　知らねえよ誰も！　そう考えると戦争の記憶ってのは日本人からどんどん遠くなっていくんだろうね。

太田――『「戦争を知らない子供たち」を知らない子供たち』って歌出したらヒットするかもしれないな。

田中――絶対ヒットしねえよ！

太田――氷川きよしかなんかに唄わせて……。

田中――なんで氷川きよしなんだよ！　関連がわからないよ！

太田――なんでも唄いそうじゃん。

田中――失礼なこと言うなよ！　しかし、本当に戦争ってのは我々日本人にとっては遠い過去の出来事のようだけど、まだ60年ちょっとしかたってないんだよね。

太田――お前、南方にいたんだよな。

田中――いねえよ！　いくつだと思ってんだよ！

太田――水木しげる先生と同じ隊だったんだろ。

田中――そんなわけねえだろ！　日本人はよく平和ボケなんて言われるけど、確かにそういうところはあるかもね。

太田――ああ、知ってるよ、平和ボケ。加山雄三さんのギャグだろ。

田中――何だよそれ？

太田――「幸せだな〜もう！」ってやつ。

田中――そんなギャグねえよ！　「幸せだなァ」ってのは歌のセリフだし、「ビックリしたな〜もう！」ってのは三波伸介さんのギャグだし、だいたいお前が何を言ってるんだか、さっぱりわからないよ！

太田――平和なこと言ってボケるから平和ボケ。「幸せだな〜もう！」って。

田中――もういいよ！　ギャグが観念的すぎちゃって伝わりづらいよ！　戦争というもののとらえ方も、我々の子供の頃と、今の子供たちではだいぶ違うだろうからね。湾岸戦争のCNNの映像なんか、完全に戦争がテレビゲームのように見えたからね。

太田――確かに、あの映像は川島教授の〝脳を鍛える大人のDSトレーニング〟そのものだったもんな。

田中――そのてのゲームじゃねえよ！　あの映像のどこに計算問題とかが出てきたんだよ！

太田――でも、確かにあの湾岸戦争は衝撃的だったよな。

田中――そうだね。

太田――お台場壊滅状態だったもんな。

田中――あれはお台場じゃねえよ！　我々の世代と今の子供たちとは戦争に関する感覚が違うんだろうね。我々の子供の頃はまだ戦争ごっことかやってたもんな。

太田――そうそう。捕虜をリンチにかけるふりしたりな。

田中――そんな悲惨な遊び方してねえよ！　せいぜい泥団子作って投げ合ったりするぐらいだろ！

太田――そう。その泥団子に石入れたり、釘入れたりしてな。

田中――だから、そんな悪質なことはしてねえって言ってんだよ！

太田――しまいにゃ、その泥ん中に火薬仕込んで爆発させたりしてな。

田中――それは本当の戦争じゃねえかよ！　でも今の子供ってのは戦争ごっこなんかしないんだろうね。

太田――今の子はみんな、インサイダー取引ごっことかしてんだろうな。
田中――つまらなすぎるよ、その遊び！
太田――「聞いちゃったといえば……聞いちゃったんですよね〜」なんて。
田中――嫌だよ、そんな子供！　漫画でも昔は戦争をテーマにしたものがあったよね。『のらくろ』とか、『はだしのゲン』とか。
太田――今の子供たちが読んでるのは、『はだしの石田純一』だからな。
田中――そんな漫画ねえよ！　どんな漫画だよ！
太田――焼け跡で、はだしに革靴の石田純一が長谷川理恵を捜して泣きながら走り回るんだよ。
田中――誰も読まねえよ、そんな漫画！　しかし、この本を作ってみて改めて思ったけど、日本て国はかなり戦争してんだよね。開国してからずっと。色んな戦争を繰り返してここまできたのがよくわかるね。まずは日清戦争から始まるんだけど。
太田――あれも、最初はアグネス・チャンと林真理子さんの喧嘩《けんか》から始まったんだよな。
田中――そんなわけねえだろ！　どんだけ大規模に広がってるんだよ、その喧嘩！
その後、日露戦争に突入する。

太田――これは、サッチーとミッチーの喧嘩が発端だよな。

田中――どっちがロシア人なんだよ！　いい加減なこと言うな！　その後、第一次世界大戦。そして最終的には第二次世界大戦。しかし今こうして振り返ってみると、この戦争は何て無謀な戦争だったんだろうって思うよね。アメリカをはじめとする、世界中の列強を敵に回したんだから、冷静に考えれば勝てるわけはないと思うんだけどね。

太田――オーストラリアにすら3対1で負けてんだからな。

田中――サッカーの話じゃねえんだよ！　とにかくこの戦争で日本はこてんぱんにされて、東京大空襲によって東京は焼け野原にされた。

太田――「カンチ、セックスしよ！」ってな。

田中――それは『東京ラブストーリー』だよ！　まったく関係ねえよ！　当時日本はボロボロだった。国民は飢えていて、何もかも失っていた。それでも人々は、「欲しがりません勝つまでは」をスローガンに戦ったんだ。

太田――歌舞伎町の風俗で、「欲しがりません勃《た》つまでは」って店があるけどな。

田中――いいよ、そんな情報は！　こうして見てみると、本当に過去にはたくさんの戦争があったんだなって思うよね。

太田――本当、俺もこの本書き終わってみて、改めて、よく生きて帰ってこられたなって思うもんな。

田中――お前ネタ書いただけで、戦争行ってたわけじゃねえだろ！

目次

1904~1905
日露戦争・後編
61
1914~1918
第一次世界大戦
75
1927~1928
山東出兵
91

1931~
1933
満州事変
105
1937
盧溝橋事件
（七・七事変）
119
日・獨・伊三國條約締結記念大會
1940~
1945
日独伊
三国同盟
133

●写真提供
読売新聞社
毎日新聞社
共同通信社

［カバー］
CG
鈴木成一デザイン室
写真
田村昌裕（freaks）
スタイリング
植田雅恵
ヘアメイク
小林朋子

爆笑問題の戦争論

日清戦争・前編

1894～1895

【日清戦争・前編】

1894（明治27）年から翌年にかけて、日本と清（現在の中国）との間で行われた朝鮮支配をめぐる戦争。84（明治17）年の甲申政変、85（明治18）年の天津条約締結後、94年、朝鮮半島で農民の反乱である東学党の乱（甲午農民戦争）が勃発。朝鮮は清に援軍を求め、日本も居留民の保護を名目に出兵。両軍は朝鮮半島で対峙し、日本は朝鮮内政改革要求を清に提案。清が拒んだことにより対立が激化し、同年8月1日に日本は清に宣戦布告した。扉写真は日清大戦争すごろく。95（明治28）年に発売されたもの。

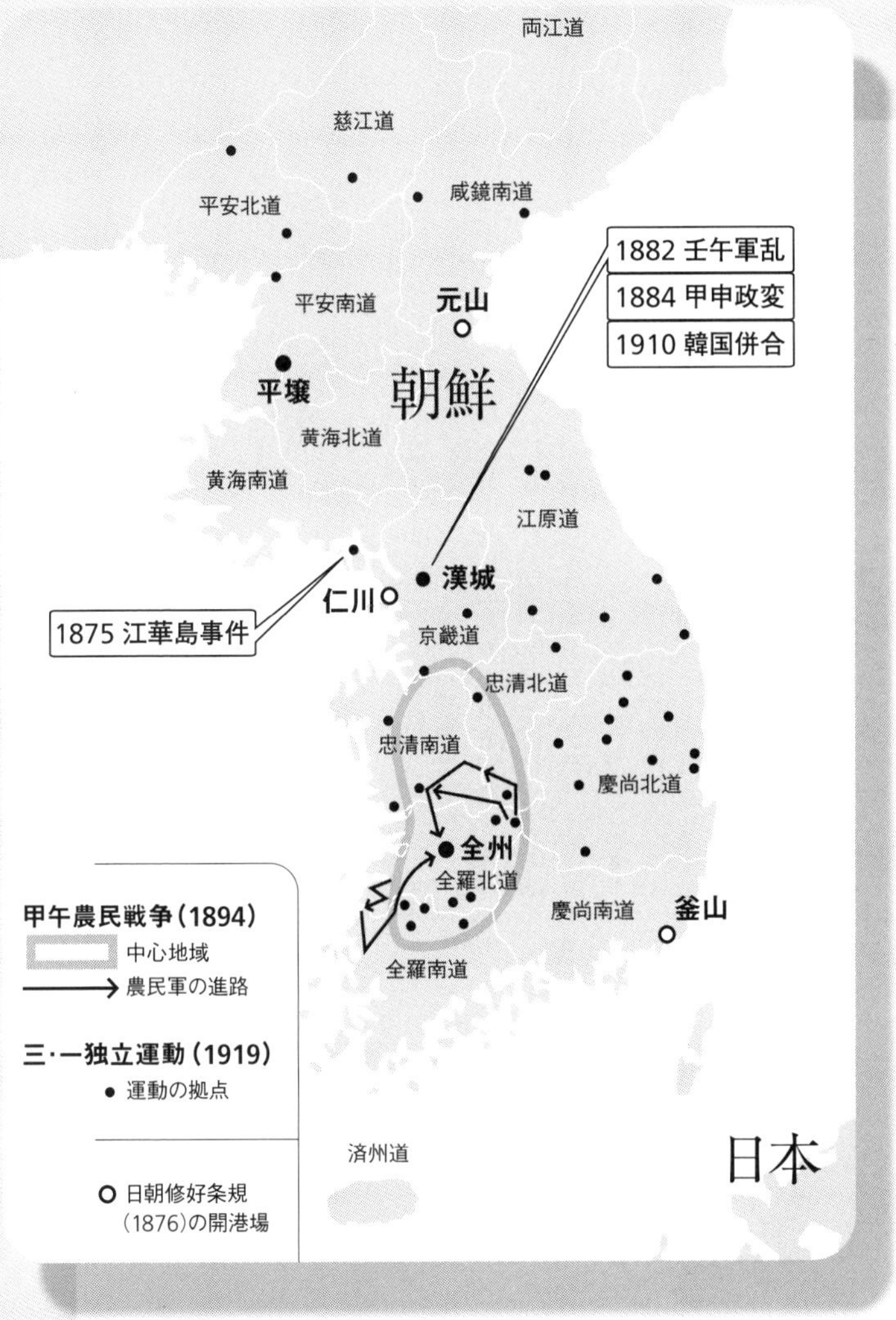
両江道
慈江道
咸鏡南道
平安北道
平安南道
元山
平壌
朝鮮
黄海北道
黄海南道
江原道
漢城
仁川
京畿道
忠清北道
忠清南道
慶尚北道
全州
全羅北道
慶尚南道
釜山
全羅南道
済州道
日本
1882 壬午軍乱
1884 甲申政変
1910 韓国併合
1875 江華島事件
甲午農民戦争(1894)
中心地域
農民軍の進路
三・一独立運動(1919)
運動の拠点
日朝修好条規
(1876)の開港場

■甲午農民戦争関係図

田中――戦争とは何かを考える上で、一番最初に検証しなければならないのは、日本の戦争の歴史だよね。まずは、日清戦争だ。

太田――名前だけ聞くと、〝ラ王〟と〝スパ王〟どっちが売れるかの、コンビニ戦争みたいな印象があるよな。

田中――その〝日清〟じゃねえよ！　日清戦争というのは明治維新以降、日本が開国して初めて外国を相手に行った戦争だ。１８９４年から翌年にかけて清との間に起きた。中国がまだ〝清〟と呼ばれてた時代だ。

太田――きよし。

田中――〝しん〟って読むんだよ！　なんだよ、〝きよし〟って誰のことだよ！

太田――絶好調男。

田中――中畑かよ！　古いんだよ、言ってることが！　この戦争は当時の日本側の大義名分としては、清の属国である朝鮮を独立させ、改革するための戦争で、あくまでも朝鮮のことを思って、朝鮮のために日本が立ち上がったということだったんだけど、本音のところでいえば、清から朝鮮を奪いたい、朝鮮を自分のものにしたいっていう方が大きかったようだね。

太田——なんたってヨン様の国だからな。

田中——当時はまだいねえよ！　開戦前の日本と清・朝鮮の状況はどうだったかというと、日本は明治維新を成し遂げたばかりだった。朝鮮はそれ以前の日本と同じように鎖国していて、押し寄せてくる近代列強を拒否し続けてたんだ。しかし、執政の大院君《だいいんくん》が失脚し閔氏《びんし》（閔妃《びんひ》）政権ができると、日本は閔氏を威圧して開国を求め、江華条約（日朝修好条規）を押しつけた。これは完全な不平等条約で、日本は自分が欧米列強にされたことを、朝鮮にも同じようにしたんだな。これに対する朝鮮の民衆の不満は募っていった。

太田——しかし日本も、自分だってついこの前開国したばっかりのくせに、他の国に無理矢理開国を迫るなんて節操がないって感じがするよな。

田中——確かにね。

太田——杉田かおるに向かって結婚を勧めてる磯野貴理子みたいなもんだな。

田中——なんだよそれ！

太田——「アンタも早く結婚しなさいよ」って、お前に言われたくないよ！　お前だってこないだやっと結婚できたばかりじゃねえか！　って感じだぜ。

田中――よくわかんないよ、そのたとえ！　とにかく日本が開国したのは、世界中が帝国主義に染まっている時代だった。それで日本も欧米列強に遅れてはなるまいと、どんどん帝国主義に染まっていったんだね。

太田――本とかも必死に〝帝国データバンク〟とか読んじゃってね。

田中――帝国主義と帝国データバンクとは全く関係ねえよ！　そして、朝鮮で壬午《じんご》軍乱《ぐんらん》という暴動が起きる。これは日本に追随する閔氏政府を攻撃するために朝鮮の軍人たちが起こした反政府、反日の暴動だ。以前失脚した大院君はこの暴動を利用して再び朝鮮を鎖国しようとした。

太田――しかし、その大院君って奴もいい年して君づけで呼ばれてるなんて、『笑点』の山田隆夫みたいな奴だな。

田中――別に君づけで呼ばれてるわけじゃねえんだよ！　この暴動を鎮圧したのが清だった。清は朝鮮との関係において、かねてより日本への反撃の機会を狙《ねら》っていたんだ。それでこの暴動を機に出兵し、大院君を幽閉、閔氏一派を抱き込み保守派政権を作り、なおかつ清と朝鮮との宗属関係を明記した中国朝鮮商民水陸貿易章程を結び、一気に朝鮮に対する清の宗主権を強めたんだ。

太田——宗主権って？

田中——宗主権っていうのは、その国が従属国に対して内政、外交などに関して監督を行う権利のことで、この場合、清が朝鮮に対していろいろと指図ができる関係が強まったって意味だね。

太田——要するに、叶恭子と美香みたいな関係だな。

田中——そんなものにたとえなくていいんだよ！　清の朝鮮に対する宗主権が強まるのは当時の日本にとっては面白くなかった。また、朝鮮の中にも清との宗属関係を解消して独立しようという開化派がいたんだ。この開化派と日本は近づき、清からの独立を勧めるんだ。

太田——ちょっと見込みのあるタレントに「一緒に独立しないか」って持ちかけるインチキマネージャーみたいなもんだな。

田中——うるせえよ！　それで起きたのが、甲申《こうしん》政変というクーデターだ。

太田——高信太郎《こうしんたろう》が起こした革命だよな。

田中——その〝こうしん〟じゃねえんだよ！　開化派は日本の協力をあてにしてクーデターを起こした。ところが、清から袁世凱《えんせいがい》が１５００人の軍勢を率いて武力介入すると、日本軍は開化派を裏切り、さっさと引き揚げてしまった。これで開化派は孤立無援となり、殺害、処刑されクーデターは三日天下で終わったんだ。

太田――そうなんだよな。インチキマネージャーってのは必ずヤバくなると逃げちゃうんだ。俺たちもそれでどんだけヒドイ目にあったか。

田中――いいよ、その話は！　朝鮮ではその後、農民の間に不満が高まっていく。当時朝鮮の民衆は重税と官僚たちの賄賂の横行、日本人の米の買い占めによる米価高騰に苦しんでいた。そこでその不満が爆発して起きたのが甲午《こうご》農民戦争だ。これは別名〝東学党の乱〟とも言う。東学とは西学（キリスト教）に対する東学という意味で、日本やヨーロッパから押しつけられた〝近代〟に対抗して朝鮮の民衆が育《はぐく》んだ思想だ。つまりこれは、日本やヨーロッパが無理矢理押しつけようとした〝近代〟を不満に思った朝鮮の民衆が起こした反乱だったんだ。こう見ると、今のイラクや中東の状況と重なる部分があるよね。

太田――確かにな。

田中――この農民たちの反乱を鎮圧するために朝鮮政府は清に出兵を要請する。清の出兵を知った日本は後れを取ってはなるまいと、自分たちも出兵を決める。

太田——要請されてもいないのに派兵するとは、いかにも小泉さんらしい判断だな。

田中——小泉さんは関係ないよ！　この頃の首相は伊藤博文だ。日本は早々に大本営を設置する。大本営とは戦時に設置される戦争を指揮する機関だ。まだ戦争になるかどうかもわからないのに大本営を設置するということは、日本は戦争をやる気満々だったということだよね。

太田——まだ球団ができるとも決まってないのに、いきなりオマリー監督を就任させた、ホリエモンみたいなもんだな。

田中——うるせえ！　この日本の行動に驚いたのは朝鮮政府だ。日本軍がいきなり大挙して侵入してきたことで、朝鮮政府は方針を変更。農民の要求を受け入れ停戦した。つまり日本軍が到着した時にはすでに反乱は治まっていたんだ。

太田——当時兵隊だった植木等さんがそこで言った一言が「……お呼びでない？」だったらしいな。

田中——そんな話はねえよ！　当然朝鮮政府は日本軍に撤兵を要求するが、成果もなしに帰ることができない日本軍はこれを拒否。清軍もこれに対抗し、動かなかった。日本は何か口実を作って、このまま一気に清との戦争に持ち込みたかった。当時の外相は陸《む》奥宗光《むねみつ》だった。

太田――〃四つ、五つ、陸奥〃のギャグでお馴染《なじ》みだよな。

田中――ねえよ、そんなギャグ！　サンコンさんじゃねえんだから！　陸奥は清がそれを受け入れないことをわかっていながら、日清両国による朝鮮の内政改革を提案。清はそれを拒否した。内乱はすでに終息しており、また、朝鮮の改革は朝鮮自らが行うべきで、それに干渉するのは内政干渉であるという主張だった。もっともな主張だが、日本はそれを退け清に絶交書を送る。その約10年前の1885年には、福沢諭吉が『時事新報』に〃脱亜論〃を発表していた。

太田――脱・亜細亜大学。

田中――大学は余計だよ！　これはヨーロッパを文明、アジアを未開野蛮と見て、日本はアジアを捨て西洋列強と同様の道を選択すべきだという主張だ。日本はこうした思想によってあくまでも朝鮮を改革すべきだとし、単独改革を主張。朝鮮の王宮を武力制圧し、豊島《ほうとう》沖で清の巡洋艦と砲艦を攻撃、撃沈、清に対して宣戦布告をした。諭吉はこの日清戦争を文明開化の進歩を図るものと、その進歩を妨げんとするものとの戦いと位置づけた。これはあくまでも西洋文明、今で言う民主化が正義であって、それを妨げようとするものは武力によってでも制圧すべきという、今から考えたらちょっと無理矢理な思想って感じがするよね。

太田——福沢諭吉も「天は人の上に人を造らず、人の下に人を造らず」の後に一言欲しかったな。

田中——なんだよ？

太田——「私は天じゃない」

田中——くだらねえんだよ！

■開戦前の日・朝・清の関係

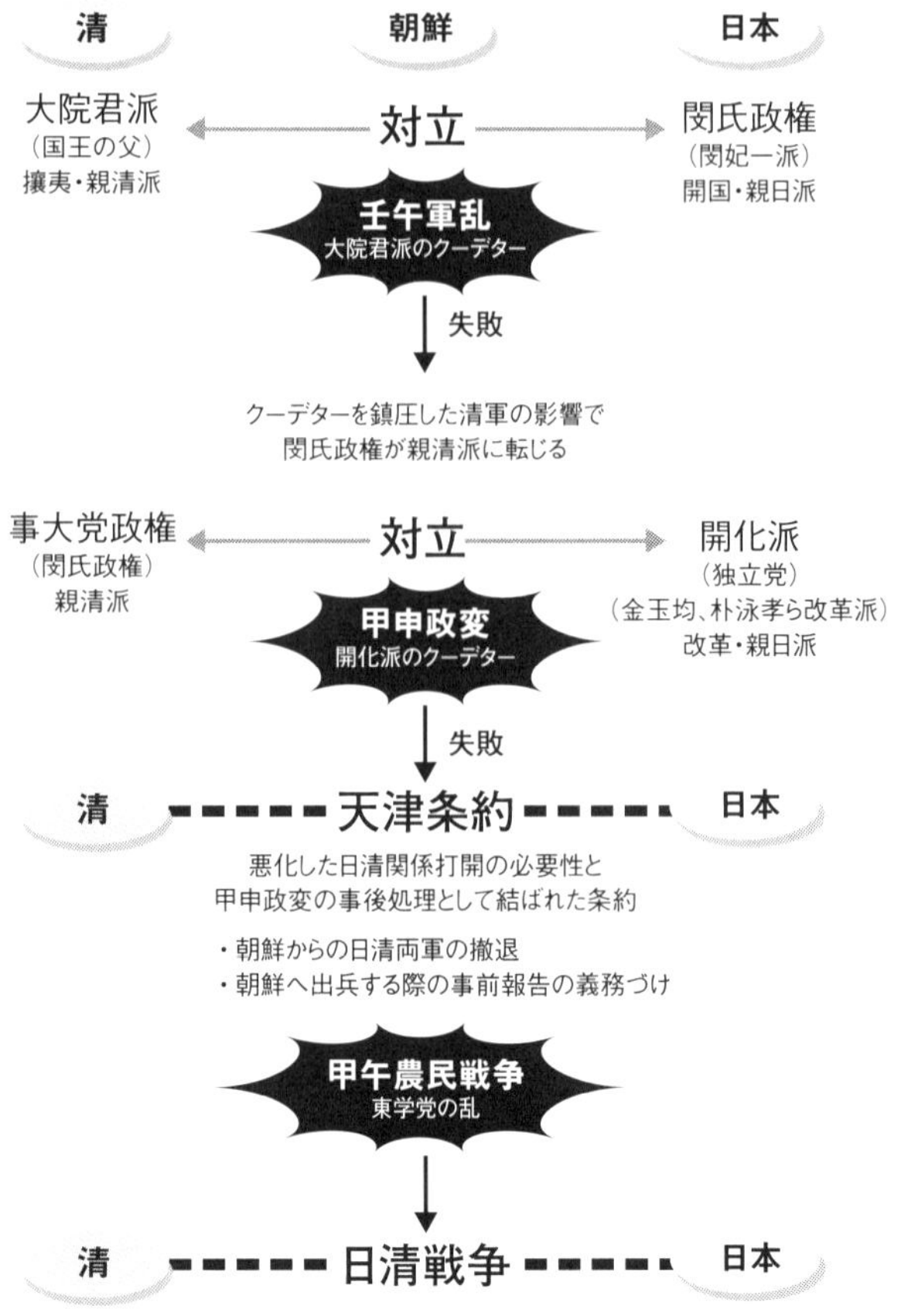
清
朝鮮
日本
大院君派
（国王の父）
攘夷・親清派
対立
閔氏政権
（閔妃一派）
開国・親日派
壬午軍乱
大院君派のクーデター
失敗
クーデターを鎮圧した清軍の影響で
閔氏政権が親清派に転じる
事大党政権
（閔氏政権）
親清派
対立
開化派
（独立党）
（金玉均、朴泳孝ら改革派）
改革・親日派
甲申政変
開化派のクーデター
失敗
清
天津条約
日本
悪化した日清関係打開の必要性と
甲申政変の事後処理として結ばれた条約
・朝鮮からの日清両軍の撤退
・朝鮮へ出兵する際の事前報告の義務づけ
甲午農民戦争
東学党の乱
清
日清戦争
日本

■明治時代の日朝関係年表

1875（明治8）	江華島事件
1876（明治9）	日朝修好条規（江華条約） 朝鮮開国
1882（明治15）	壬午軍乱
1884（明治17）	甲申政変
1885（明治18）	天津条約 福沢諭吉"脱亜論"
1894（明治27）	甲午農民戦争（東学党の乱） 日清戦争開戦
1895（明治28）	下関条約

●ビゴーの風刺画「
『トバエ』1887年2月
原題「魚釣り遊び」

■福沢諭吉〝脱亜論〟

世界交通の道、便にして、西洋文明の風、東に漸し、至る處、草も氣も此風に靡かざるはなし。(中略)如何となれば世界文明の喧嘩繁劇は東洋孤島の獨睡を許さゞればなり。是に於てか我日本の士人は國を重しとし政府を輕しとするの大義に基き、又幸に帝室の神聖尊嚴に依頼して、斷じて舊政府を倒して新政府を立て、國中朝野の別なく一切萬事西洋近時の文明を採り、獨り日本の舊套を脱したるのみならず、亞細亞全洲の中に在て新に一機軸を出し、主義とする所は唯脱亞の二字にあるのみなり。

我日本の國土は亞細亞の東邊に在りと雖ども、其國民の精神は既に亞細亞の固陋を脱して西洋の文明に移りたり。然るに爰に不幸なるは近隣に國あり、一を支那と云い、一を朝鮮と云ふ。此二國の人民も古來亞細亞流の政教風俗に養はるゝこと、我日本國に異ならずと雖ども、其人種の由來を殊にするか、但しは同樣の政教風俗中に居ながらも遺傳教育の旨に同じからざる所のものある歟、日支韓三國三國相對し、支と韓と相似るの状は支韓の日に於けるよりも近くして、此二國の者共は一身に就き又一國に關してして改進の道を知らず。交通至便の世の中に文明の事物を聞見せざるに非ざれども耳目の聞見は以て心を動かすに足らずして、其古風舊慣に戀々するの情は百千年の古に異ならず、此文明日新の活劇場に教育の事を論ずれば儒教主義と云ひ、學校の教旨は仁義禮智と稱し、一より十に至るまで外見の虚飾のみを事として、其實際に於ては眞理原則の知見なきのみか、道徳さえ地を拂ふて殘刻不廉恥を極め、尚傲然として自省の念なき者の如し。(中略)西洋文明人の眼を以てすれば、三國の地利相接するが爲に、時に或は之を同一視し、支韓を評するの價を以て我日本に命ずるの意味なきに非ず。例へば支那朝鮮の政府が古風の專制にして法律の恃む可きものあらざれば、西洋の人は日本も亦無法律の國かと疑ひ、支那朝鮮の士人が惑溺深くして科學の何ものたるを知らざれば、西洋の學者は日本も亦陰陽五行の國かと思ひ、支那人が卑屈にして恥を知らざれば、日本人の義侠も之がために掩はれ、朝鮮國に人を刑するの慘酷なるあれば、日本人も亦共に無情なるかと推量せらるゝが如き、是等の事例を計れば、枚擧に遑あらず。(中略)左れば、今日の謀を爲すに、我國は隣國の開明を待て共に亞細亞を興すの猶豫ある可らず、寧ろその伍を脱して西洋の文明國と進退を共にし、其支那朝鮮に接するの法も隣國なるが故にとて特別の會釋に及ばず、正に西洋人が之に接するの風に從て處分す可きのみ。惡友を親しむ者は共に惡友を免かる可らず。我は心に於て亞細亞東方の惡友を謝絶するものなり。

『時事新報』1885(明治18)年3月16日より抜粋

1894〜1895

日清戦争・後編

【日清戦争・後編】

1894（明治27）年8月1日、日本と清との間で朝鮮支配をめぐって起こった日清戦争は、豊島沖海戦を発端に、平壌会戦、黄海海戦を経て、日本が朝鮮半島を制圧。95（明治28）年の威海衛攻撃で北洋艦隊を壊滅させた。同年3月、日本側の伊藤博文と陸奥宗光、清国側の李鴻章によって、下関で講和会議開始。4月17日、日清講和条約（下関条約）を締結。日本は領土と賠償金を得た。扉写真は、拿捕され、旅順港でドックに入る北洋艦隊の旗艦「鎮遠」。東洋一の鋼鉄艦だったが、威海衛の海戦で連合艦隊に降伏した。95年5月撮影。

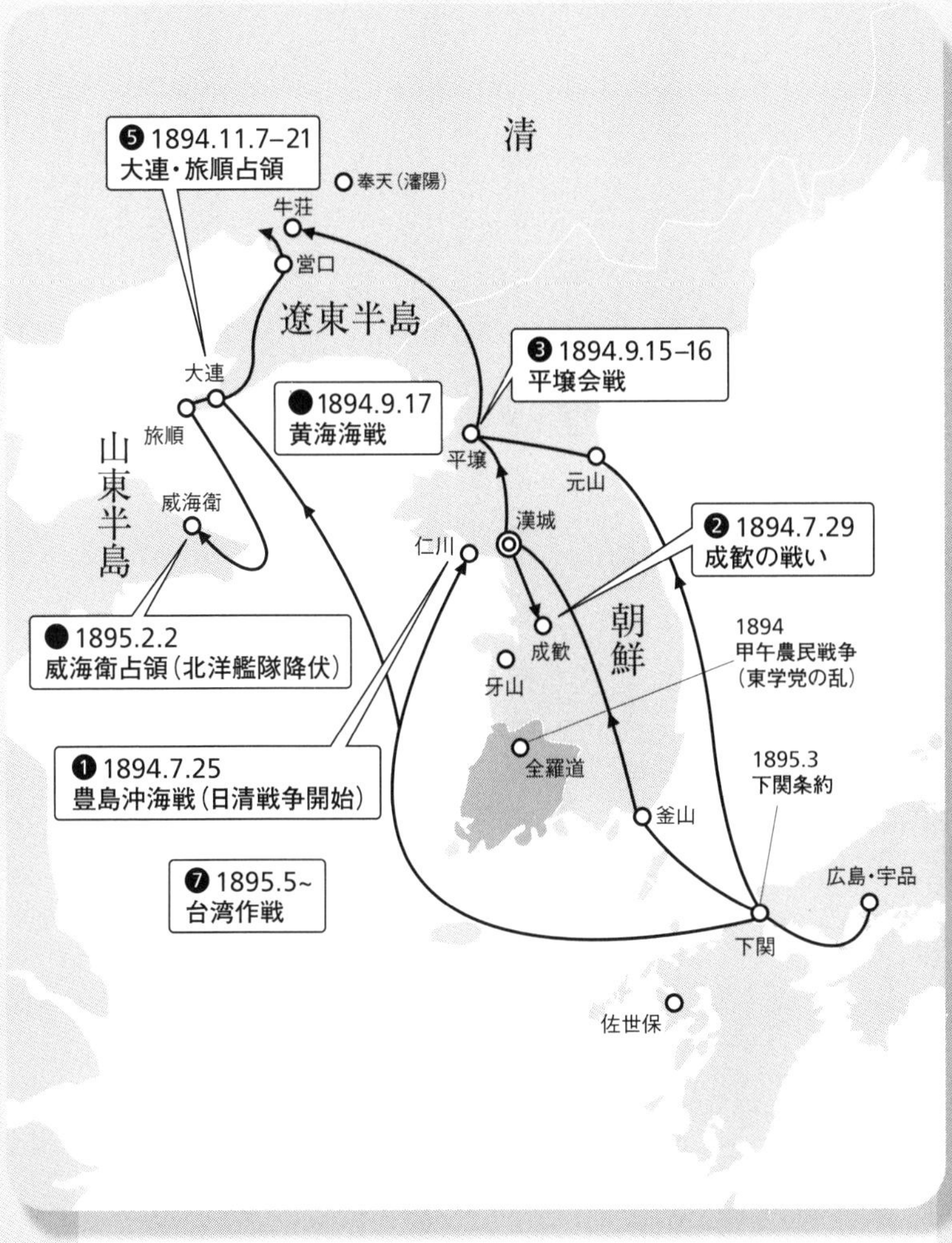
清
❺ 1894.11.7–21
大連・旅順占領
奉天（瀋陽）
牛荘
営口
遼東半島
❸ 1894.9.15–16
平壌会戦
大連
1894.9.17
黄海海戦
旅順
山東半島
平壌
元山
威海衛
漢城
❷ 1894.7.29
成歓の戦い
仁川
1895.2.2
威海衛占領（北洋艦隊降伏）
朝鮮
成歓
1894
甲午農民戦争
（東学党の乱）
牙山
全羅道
❶ 1894.7.25
豊島沖海戦（日清戦争開始）
1895.3
下関条約
釜山
❼ 1895.5~
台湾作戦
広島・宇品
下関
佐世保

■日清戦争・日本軍の進路

田中――今回は日清戦争の後編だ。前回は西洋によって開国させられた日本が、その西洋から受け入れた〝近代〟を武器に、脱亜入欧の思想のもと、西欧の近代こそが文明だとして、朝鮮を清から独立させるという建前を掲げ、朝鮮に対する権利を清から奪おうと戦争に突入していったという話だったよね。

太田――朝鮮の人たちから見れば当時の日本人は、自分たちもついこの間までチョンマゲ結ってたくせに、すっかり西洋の思想にかぶれちゃった人って感じだったろうな。

田中――まあ、確かにそう見えたかもしれないね。

太田――〝ギター侍〟って感じかな。

田中――いいよ、そんなもんにたとえなくたって！

太田――「本当に望んでるのは朝鮮の独立じゃなくて、日本の権利拡大ですからぁ！残念！」なんて。

田中――うるせえよ！　日清の開戦に対して、列強は皆中立の立場をとったんだ。当時世界は清と日本が戦ったら、絶対に清が勝つと思っていたんだ。誰から見ても日本は負けるだろうと思われていた。

太田――〝曙〟って呼ばれてたらしいね。

田中――呼ばれてねえよ！　しかし戦局は日本に有利に展開した。最初の決戦は平壌会戦だったが、ここで清国軍は逃走し、日本は殆《ほとん》ど無血で平壌を占領した。清国軍が日本より戦力で勝っていたにもかかわらず退却したのは、北洋大臣の李鴻章《りこうしょう》の避戦主義、勢力温存政策によるものだったんだ。

太田――ああ、マラソン大会なんかでも必ずいたよな、体力温存する奴。「最初はそんなにとばさないよ」なんて言ってて結局最後まで遅いままの奴。

田中――まあ、確かにいたね。

太田――それから、「最後まで一緒に走ろうぜ」なんて言ってる奴に限って必ず最後で裏切ってラストスパートするんだよな。最後に一〜二番上がったところで何が嬉《うれ》しいんだかな？

田中――……まあな。

太田――それから遠足の時に、乗り物酔いがひどくて、校庭に停まってるバス見ただけでゲロ吐いちゃう奴な。

田中――どうでもいいよ、そんな話は！　本題から逸《そ》れすぎだろ！　何でお前の小学校の思い出話になってんだよ！　とにかく、山県有朋《やまがたありとも》大将を司令官にした日本軍はその後の黄海海戦でも勝利、わずか一日で旅順《りょじゅん》を占領し、また大連《だいれん》も占領した。連合艦隊の攻撃により北洋艦隊は降伏、牛荘占領と、続々と入ってくる日本勝利の報《しら》せに、日本中の国民が熱狂した。

太田――その時山県有朋大将が言った「チョー気持ちいい!」がその年の流行語大賞獲《と》ったんだよな。

田中――獲ってねえよ!

太田――清の李鴻章の「めっちゃ悔しい!」が入賞でね。

田中――当時日本では尋常小学校の修身書などで、銃弾に倒れながらも進軍ラッパを吹き続けたという、木口小平《きぐちこへい》二等兵の〝死んでもラッパを離しませんでした〟という話が美談として載った。

太田――葬式の時もプープー鳴ってたらしいな。

田中――怖いだろそんなの!

太田――それを見た村西とおるが「ナイスですねぇ」って言ったとか。

田中――古いよネタが! とにかく、教科書や新聞は、そういった日本軍の軍国美談などを書き立てて国民の戦意を煽《あお》り、国民もまたその勢いに乗って全員がイケイケムードになっていったんだ。当時の日本人は誰もかれもがこの日清戦争を正義の戦争として肯定した。なんといってもあの平和主義者、理想主義者として知られる内村鑑三までもが、この時はこの戦争を肯定した。

太田――内村鑑三が戦争を肯定するなんて、大槻教授が突然UFOを見たって騒ぎ出すようなもんだよな。

田中――いちいちたとえなくていいよ！　とにかく清の勢力温存政策のおかげで、日本は圧倒的有利のまま、ほぼ勝利を手中にした。しかしこれは日本の勝利というよりも、相手が勝手に負けたという感じだな。それで、アメリカを仲介にした講和交渉になるんだけど、その時、日本はまだまだいけると思っているから、休戦意思はなく、これを拒否するんだ。それで李鴻章が来日し、料亭で戦争終結の交渉に入る。この時の日本側の全権は伊藤博文首相と陸奥宗光外相にあった。この時も日本は戦争を終えるつもりはなく、このまま突っ走るつもりだった。ところが、李鴻章が、講和に反対する日本人の青年に狙撃《そげき》されるという事件が起きるんだ。

太田――その青年こそが、後の〝デューク東郷〟だな。

田中――全然違うよ！　講和使節団を戦勝国の国民が殺そうとするという前代未聞の大

不祥事に国際世論が清国側に傾いた。それで、列強からの干渉を恐れた伊藤と陸奥は、渋々休戦条約に調印し、講和交渉を開始した。しかし日本が出した講和条件はあまりにも過大なものだった。遼東半島および台湾、澎湖《ほうこ》諸島の割譲。賠償金3億両《テール》（約4億円）。列強並みの最恵国待遇の承認。通商特権の拡張。という、つまり何でもかんでも全てよこせというものだ。

太田――「お前はジャイアンか！」って言われたらしいな。

田中――言われてねえよ！

太田――ジャイアンの声優さんも、声代わっちゃうってんで、今大変らしいな。

田中――そんなことどうでもいいんだよ！　これに対し李鴻章は「日本はあくまでも朝鮮の独立が目的で、清国の土地をむさぼるものではないと宣言したはずじゃないか」と訴えるが、陸奥はその訴えをもっともだとしながらも、これを黙殺。

太田――番組で、どうしようもない時のガッツ石松みたいなリアクションだな。

田中――清の出した修正案に日本は渋々譲歩、割譲地域を少し減らし、賠償金を2億両（約3億円）に減額と、多少講和条件を緩和して日清講和条約に調印したんだ。ところがこの成り行きを見ていたロシアが、フランス、ドイツを巻き込んで、日本の遼東半島の領有は東アジアの平和を乱すものとしてそれを放棄するように勧告してくるんだ。これがいわゆる〝三国干渉〟というやつだ。

太田――〝イチジク浣腸〟と語呂が似てるよな。

田中――似てねえよ！　ロシアにとって日本の遼東半島の領有は、自国の南下政策上の障害となる。それでロシアは武力行使も辞さない強靭《きょうじん》さをもって干渉したんだ。日本の頼りはイギリスだったが、イギリスはこの時中立の立場をとった。それで日本は泣く泣く遼東半島の全部を放棄せざるをえなくなったんだ。

太田――「お前はスネ夫か！」って言われたらしいな。

田中――だから、言われてねえよ！

太田――スネ夫の声優さんも……。

田中――もういいよ、その話は！　その後、日本は朝鮮政府を自分の思い通りに操ろうとするが、朝鮮は決して親日的ではなく、むしろ非協力的だった。

太田――まあ、そりゃそうだろう。

田中――日本は、日本主導の朝鮮改革を達成するために邪魔者となった大院君を隠退させた。

太田――しかし日本の都合によって、担ぎ出されたり隠退させられたり、本当大変だよな、その大陰唇って奴も。
田中――〝大院君〟だよ！　朝鮮ではその後、閔妃が復活して親日派の人間を失脚させ、排日的な行動に出る。これに対し日本の三浦梧楼公使は、あくまでも朝鮮王室内の派閥権力抗争に見せかけながらも、実は何人かの浪人と共謀して閔妃殺害を実行するんだ。
太田――これは〝三浦事件〟といって、後にロスでも同じようなことをやってるよな。
田中――全然関係ないよ！　三浦の犯行はばれ、国際世論の反発を買う。しかし三浦は日本では無罪となり、責められるどころか日本国民からは凱旋将軍のような歓迎を受ける。つまり、人の国の王妃を暗殺するという行動に対し、日本国民は誰一人として罪の意識はなかったんだ。
太田――善悪の判断がつかなくなってたんだろうな。日本中が国士舘のサッカー部員になっちゃったようなもんだな。
田中――うるせえよ！　その後、朝鮮は高宗による政府が成立。国名も〝大韓帝国〟となる。
太田――細木数子に改名しろって言われたんだよな。

田中――そうじゃねえよ！　この大韓帝国は親ロシア政権だった。
太田――パルナスばっかり食べてたらしいね。
田中――なんだよそれ！
太田――「パルナス、パルナス、モスクワの味〜」。
田中――一部の関西人にしかわからないこと言うなよ！　その後、この大韓帝国をめぐって徐々に日本とロシアが対立するようになる。また、韓国の市場開放を望んでいたイギリスにとってもロシアの勢力の増大は望ましいことではなかった。それでロシアが共通の敵となった、日本とイギリスは日英同盟を結ぶことになったんだ。
太田――共通の敵ができるとそれまで敵だった奴が協力したりするもんな。キングギドラが出てきた時のゴジラとモスラみたいなもんだな。
田中――もういいよ！

●**日清戦争**　威海衛に集結した日本の連合艦隊（1895年2月21日撮影）。

■日本軍の編成

第二次伊藤博文内閣

参謀総長	有栖川宮熾仁《ありすがわのみやたるひと》親王
第1軍	山県有朋《やまがたありとも》陸軍大将 （のち野津道貫《のづみちつら》陸軍中将）
第2軍	大山巌《いわお》陸軍大将
海軍軍令部長	樺山資紀《かばやますけのり》海軍大将
連合艦隊司令長官	伊東祐亨《すけゆき》海軍大将
動員総兵力	**24万616人** 戦地勤務17万4017人 内地勤務6万6599人

■戦費(臨時軍事費)決算と戦死者

戦費(臨時軍事費)決算

収入	2億2523万円
支出	2億47万円
差引余剰は1896年一般会計繰越	

＊約2億円という金額は、日清戦争開戦前1893年の国家歳出の約2倍にあたる。

戦死者

戦闘死	1401人
病死	1万1587人
計	1万2988人

＊病死者の内訳は、コレラ、脚気、赤痢、腸チフスなど。

■下関条約で得た賠償金のゆくえ

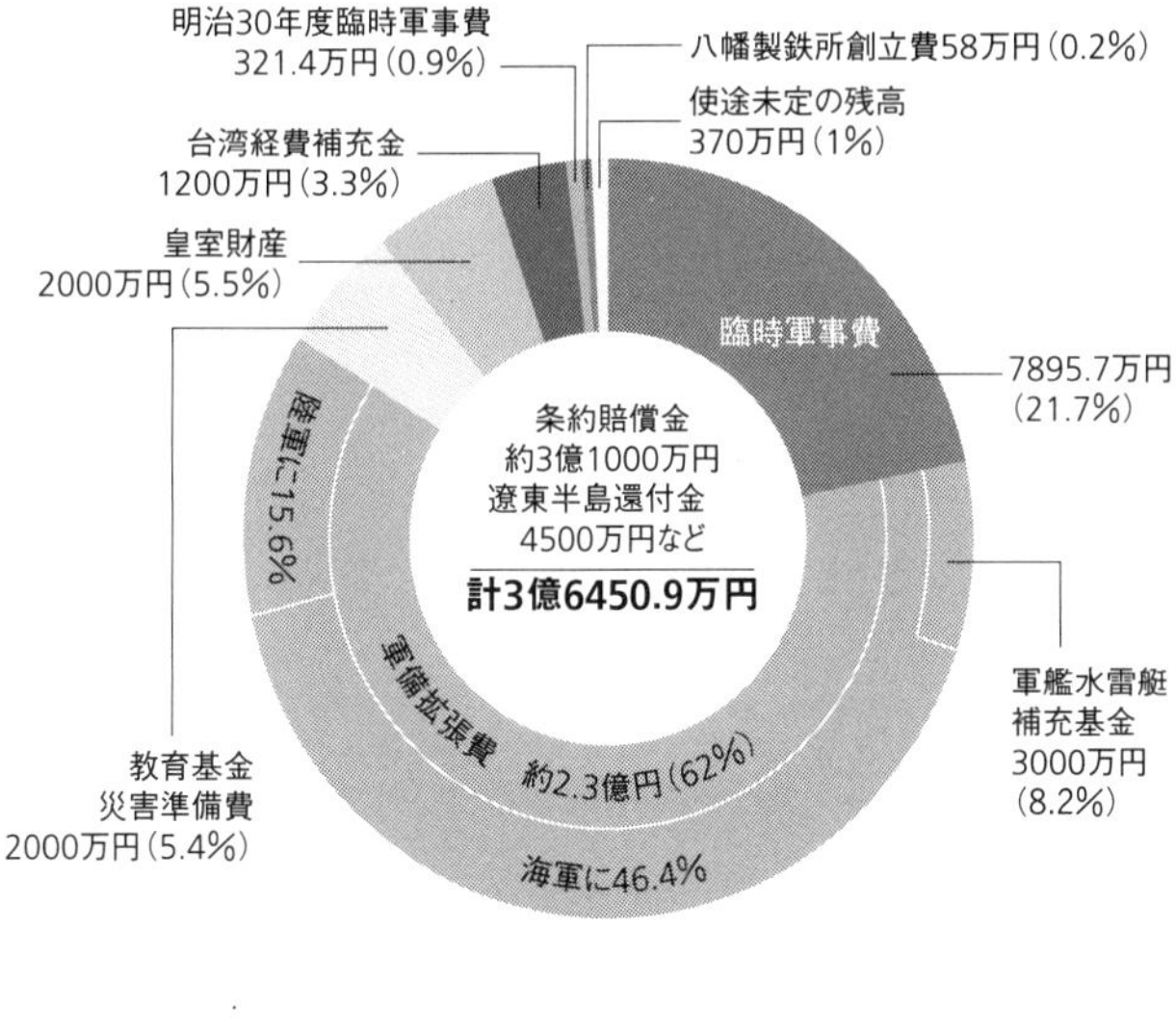

■下関条約 1895年4月17日調印

●下関条約による新領土と新開市・開港場

●下関条約の主な内容

・清国は朝鮮国の独立を認める
・遼東半島・台湾・澎湖諸島を日本に割譲する
・日本に賠償金2億両《テール》（約3億円）を払う
・清は沙市・重慶・蘇州・杭州を開市・開港する

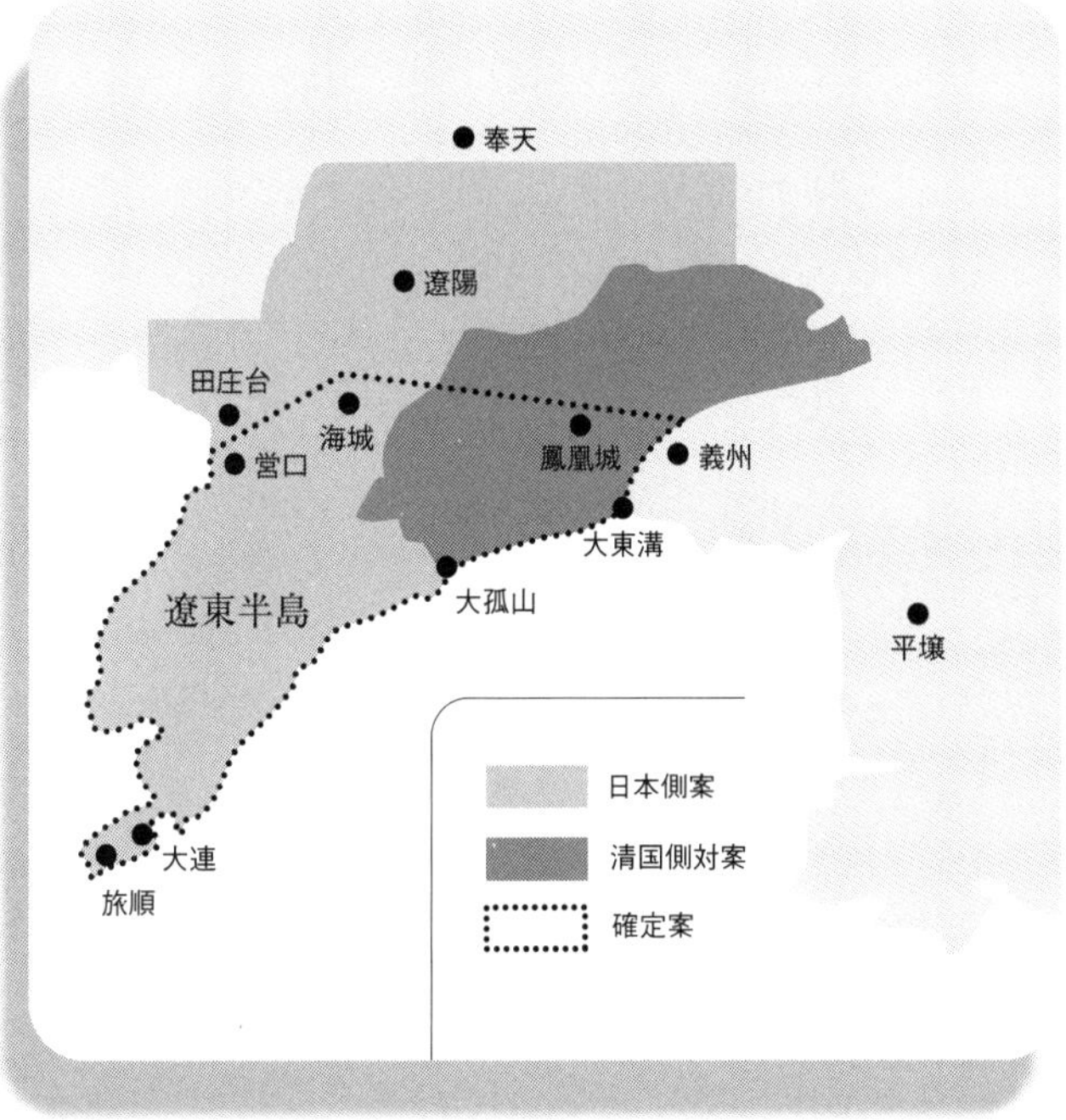

●遼東半島の割譲

＊下関条約により日本は遼東半島・台湾・澎湖諸島を領有したが、
その後、三国干渉により遼東半島は返還。

●陸奥宗光

●李鴻章

1904~1905

日露戦争・前編

【日露戦争・前編】

1904（明治37）年から翌年にかけて、日露間で行われた満州（現在の中国東北部）、朝鮮支配をめぐる戦争。日本は日清戦争勝利で獲得した遼東半島を、三国干渉によってやむなく返還。日本の対露感情が悪化する中、00（明治33）年に清国内で義和団事件（北清事変）が勃発。ロシアが混乱収拾を名目に満州へ侵攻、全土を占領下に置いたことから日露の対立が表面化し、日本は02（明治35）年に日英同盟を締結。04年、日本は対露交渉を中止、宣戦布告した。扉写真は、旅順港閉塞決死隊の記念写真と絶筆。04年撮影。

■日清戦争後の中国における列国分割競争

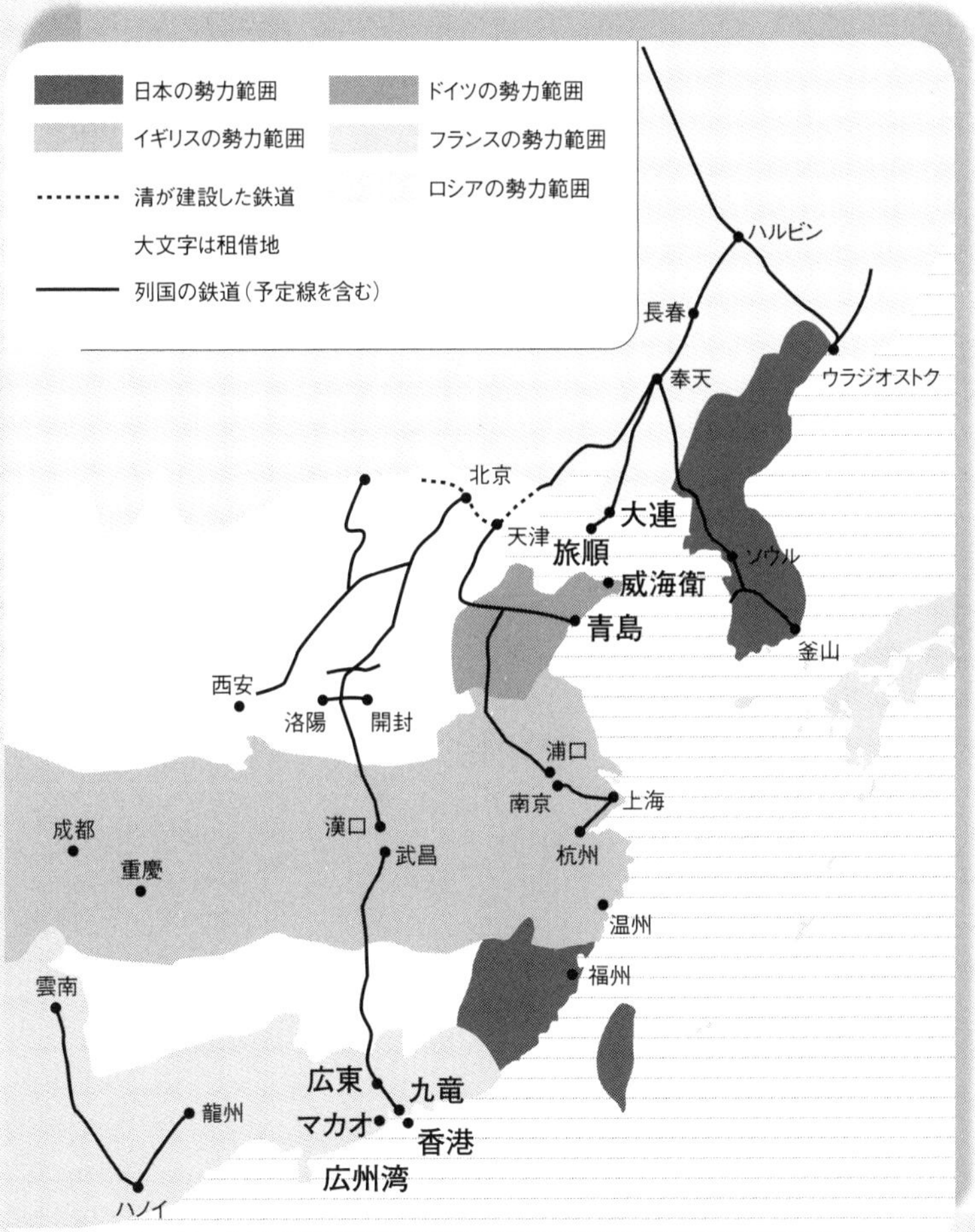

田中——今回はいよいよ日露戦争だ。

太田——日露戦争なんていっても、今の若いバカなアイドルなんかは日本とどこが戦った戦争なんだかわかってない奴が多いだろうな。

田中——ああ、そうかもしれないね。

太田——あびる優なんて、〝日ロ戦争〟って言葉だけ聞いて「日本とロンドンの戦争ですか？」って言ってたからね。

田中——本当かよ。

太田——若槻千夏なんか「日本人とロボットの戦争？」って言ってたぜ。

田中——そうなの。

太田——矢沢心なんか「日本人とロビン・ウィリアムズの戦争」って言ってたし。

田中——ちょっと待て！　全部お前が勝手に作ってんじゃねえかよ！　ただ単にお前がバカだと思ってるアイドルの名前羅列したいだけじゃねえかよ！

太田——乙葉なんか、藤井隆と結婚しちゃったしな。

田中——関係ねえだろ！　日本は日清戦争には勝利したものの三国干渉によって遼東半島は手放すことになり、また、韓国には親露派の高宗による政権ができ、不満の残る状態だった。一方ロシアも徐々にその勢力を増大して、満州および、その先の韓国にまで支配権を広げようとしつつあった。こうした中、日本とロシアの緊張は自然と高まっていったんだ。そんなおり、それまで日露協商路線で行こうとしていた伊藤博文首相に代わって、桂太郎が首相となったんだ。桂は、日英同盟を後ろ盾にしてあくまでもロシアに対して強硬な姿勢で臨もうとしたんだ。

太田――落語家のくせに強気だよな。

田中――落語家じゃねえよ！

太田――歌丸さんの師匠だろ？

田中――違うよ！　桂太郎って本名だよ！　とにかくこの桂太郎の強硬な姿勢に、伊藤博文や井上馨《かおる》は、日露開戦必至を覚悟したという。その後、清で日露戦争の遠因となる義和団事件が起きるんだ。

太田――ああ、あの金髪リーゼントの学ラン着た連中だろ。

田中――それは〝氣志團《きしだん》〟だよ！　日清戦争に負けたことにより、清は日本をはじめとする列強から侵略され、植民地化され、ひどい状況だった。まあ、言ってみれば列強に蹂躙《じゆうりん》し尽くされてたんだな。

太田——とにかくひどかったらしいな。自転車は盗むわ、パンダは食べ放題だわで……。

田中——そんなことはねえよ！　お前中国って言ったら自転車とパンダしか思い浮かばないのかよ！　とにかくこの列強からの植民地化は清の農民たちを苦しめた。で、それに対抗する民衆の間から反帝国主義運動である義和団運動が生まれた。彼等はキリスト教こそ侵略者の魂であるとみて、これを迫害したんだ。

太田——日清戦争の直前に起きた東学党の乱とそっくりだよな。

田中——そうなんだよね。

太田——今の中東での混乱もこれとそっくりだよな。そう考えるとキリスト教ってのもろくなもんじゃねえよな。

田中——まあ、一概にそうは言い切れないけどね。

太田——たまにクリスチャンの日本人でもとんでもない奴いるもんな。どっからどう見ても〝田吾作〟みたいな顔してるくせに、クリスチャンネームが〝ピーター〟とか言ってる奴。お前のどこが〝ピーター〟なんだ！　〝オッペケペ〟みたいな顔しやがって！

田中——それはしょうがないじゃねえかよ！　そういうもんなんだから！　で、当時清の支配層には西太后《せいたいごう》を中心とする守旧派と、李鴻章ら列強に頼って力を伸ばした官僚が中心となった洋務派の二つの派があったんだ。それで、守旧派はこの義和団を利用して列強や洋務派に対抗しようとし、列強に対して宣戦布告したんだ。しかし相手は日本、イギリス、アメリカ、ロシア、フランス、ドイツ、イタリア、オーストリアの8カ国連合軍約6万の中心部隊だ。とてもかなうわけがなかった。

太田——魔裟斗《まさと》、ボブ・サップ、ヒョードル、小川、吉田、タイソン、マーク・ハント、ミルコ・クロコップが、よってたかって曙をボコボコにするようなもんだよな。

田中——いいよ、そんなたとえしなくって！　それで守旧派は敗走し、それに代わって実権を握った洋務派は連合軍に協力し、義和団を鎮圧した。この義和団鎮圧が、日露戦争のひきがねとなるんだ。

太田——どういうこと？

田中——義和団は満州でも猛威をふるい、ロシアが建設中の東清鉄道などを破壊した。ロシアは義和団鎮圧を名目に満州に軍を派遣。満州占領を果たし、その後も占領を続けたんだ。これに日本、イギリスは反対した。日本はロシアがそのまま清と韓国の国境の鴨緑江《おうりょっこう》を越えて韓国まで及ぶことを懸念した。それで、ロシアとの間に満州撤兵を協定する。これが満州還付協約だ。しかし当時ロシア皇帝の顧問官になったベゾブラゾフは武断外交をし、この協約を果たさなかった。第一期撤兵は行われたものの、第二期撤兵を行わず、結局ロシアは満州に居座り続けたんだ。

太田――〝居残り〟ってやつだね。そのうち「いのど〜ん」なんて呼ばれて満州で人気者になっちゃったりして。

田中――落語ファンにしか伝わらないようなギャグ言うなよ！　こういうロシアに対して日本国内では主戦論が盛り上がった。東京帝国大学の7人の教授が連名で開戦の建白書を提出。これは〝七博士意見書〟として東京朝日新聞に掲載され、対露強硬論を煽り立てた。

太田――この〝七博士〟のリーダーが〝博士太郎〟だったんだよな。

田中――違うよ！　だいたいそれを言うなら〝葉加瀬太郎〟だよ！　日本は最後のロシアとの交渉に入った。日本側が示した協商案は、満州におけるロシアの鉄道経営を日本が認める代わりに、韓国における日本の優位をロシアが認めるというもの。つまり満州はロシアにあげるけど、韓国は日本によこせという、満韓交換論に基づいたものだった。ロシア側の回答はこれに反発するもので、日本の満州進出拒否、韓国の独立、韓国領土の日本の軍事的使用禁止、北緯39度以北の中立地帯化を要求するものだった。

太田——しかし、他人の国のことをその国の国民そっちのけで取り合ってるんだから滅茶苦茶だよな。中国や韓国の人にとっては、自分の家に同時に二人の泥棒が入ってきて、自分の家の物を「これは俺が先に見つけたんだから俺のもんだ」とか、「いや、俺の方が先に家に入ったんだから俺に権利がある」とか言って取り合ってるのを見てるような感覚だよな。

田中——確かにそんな感じかもしれないね。その後日本は臨戦態勢に入り、ロシアに国交断絶の公文を送る。これに対しロシア側は全く動じず、むしろ日本の挑戦を喜んだという。つまり日本を完全になめてたんだな。当時のロシア皇帝ニコライ二世は日本人を猿呼ばわりしてたんだ。

太田——今は猿じゃなくて〝モンキッキー〟だけどな。

田中——〝おさる〟の話じゃねえんだよ！　そして１９０４年、仁川《じんせん》沖で日本の戦隊がロシアの巡洋艦と砲艦を攻撃、沈没させ、また司令長官東郷平八郎率いる連合艦隊が旅順でロシア艦隊に攻撃を加える。これで事実上、日露戦争が始まる。しかしこれらの攻撃は宣戦布告前の奇襲だった。

太田——日本の常套《じょうとう》手段だよな。

田中――ロシアは宣戦布告以前の攻撃が国際法に違反することを各国に訴えたが、その主張は世界の世論には届かなかった。宣戦布告せずに戦闘を開始することを禁止した国際条約が調印されるのは１９０７年の第２回ハーグ万国平和会議でのことなんだ。

太田――しかしいくら禁止される前とはいえ、卑怯者《ひきようもの》の印象は残るよな。マジックマッシュルームが違法になる前に食べて病院に運ばれた伊藤英明が、未《いま》だに〝キノコ役者〟って呼ばれてるようなもんで。

田中――誰も呼んでねえよ！　お前が言わなきゃみんな忘れてんだよ！　いい加減にしろ！

■日露戦争直前の国際関係

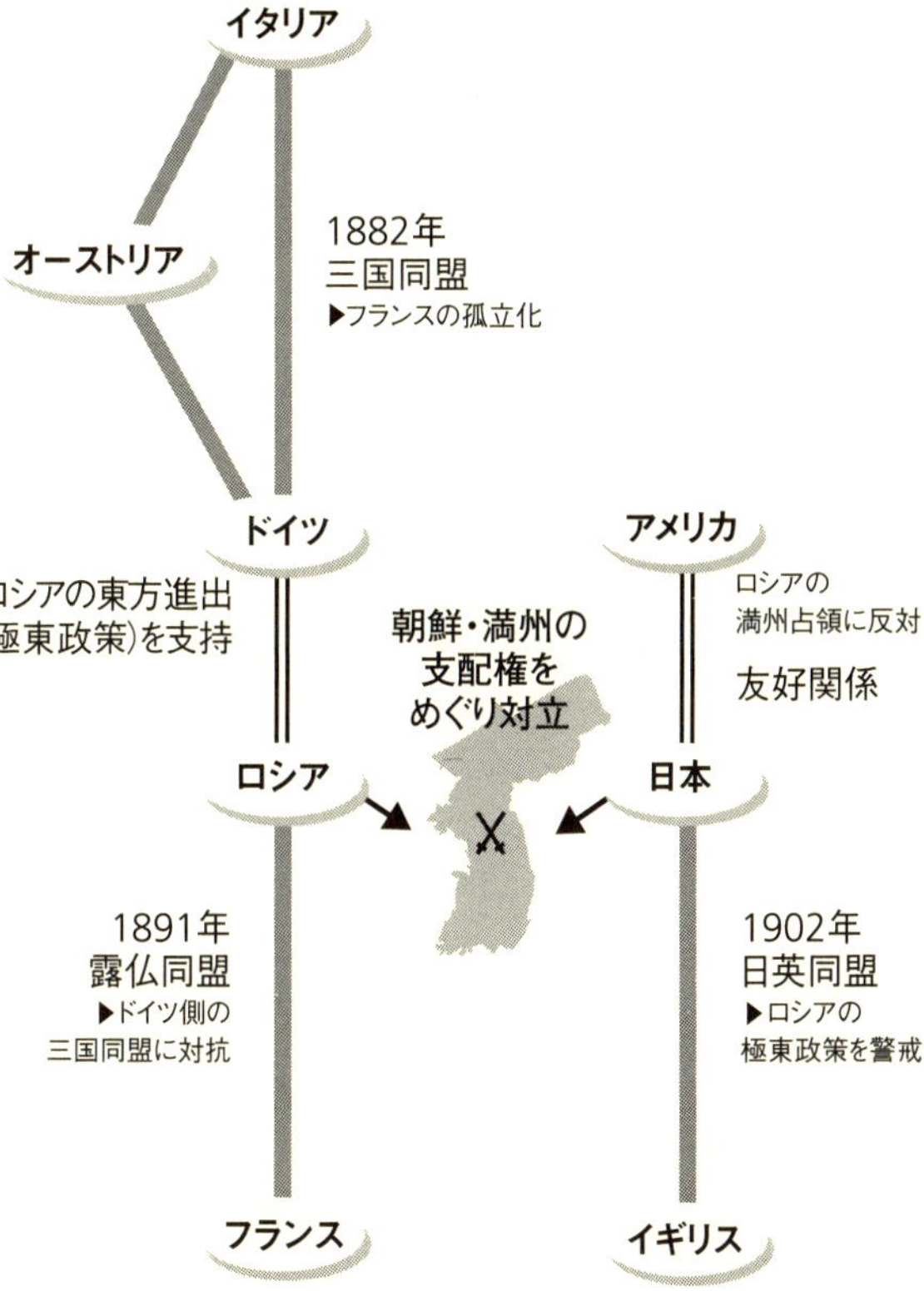
イタリア
オーストリア
1882年
三国同盟
▶フランスの孤立化
ドイツ
アメリカ
ロシアの東方進出
(極東政策)を支持
朝鮮・満州の
支配権を
めぐり対立
ロシアの
満州占領に反対
友好関係
ロシア
日本
1891年
露仏同盟
▶ドイツ側の
三国同盟に対抗
1902年
日英同盟
▶ロシアの
極東政策を警戒
フランス
イギリス

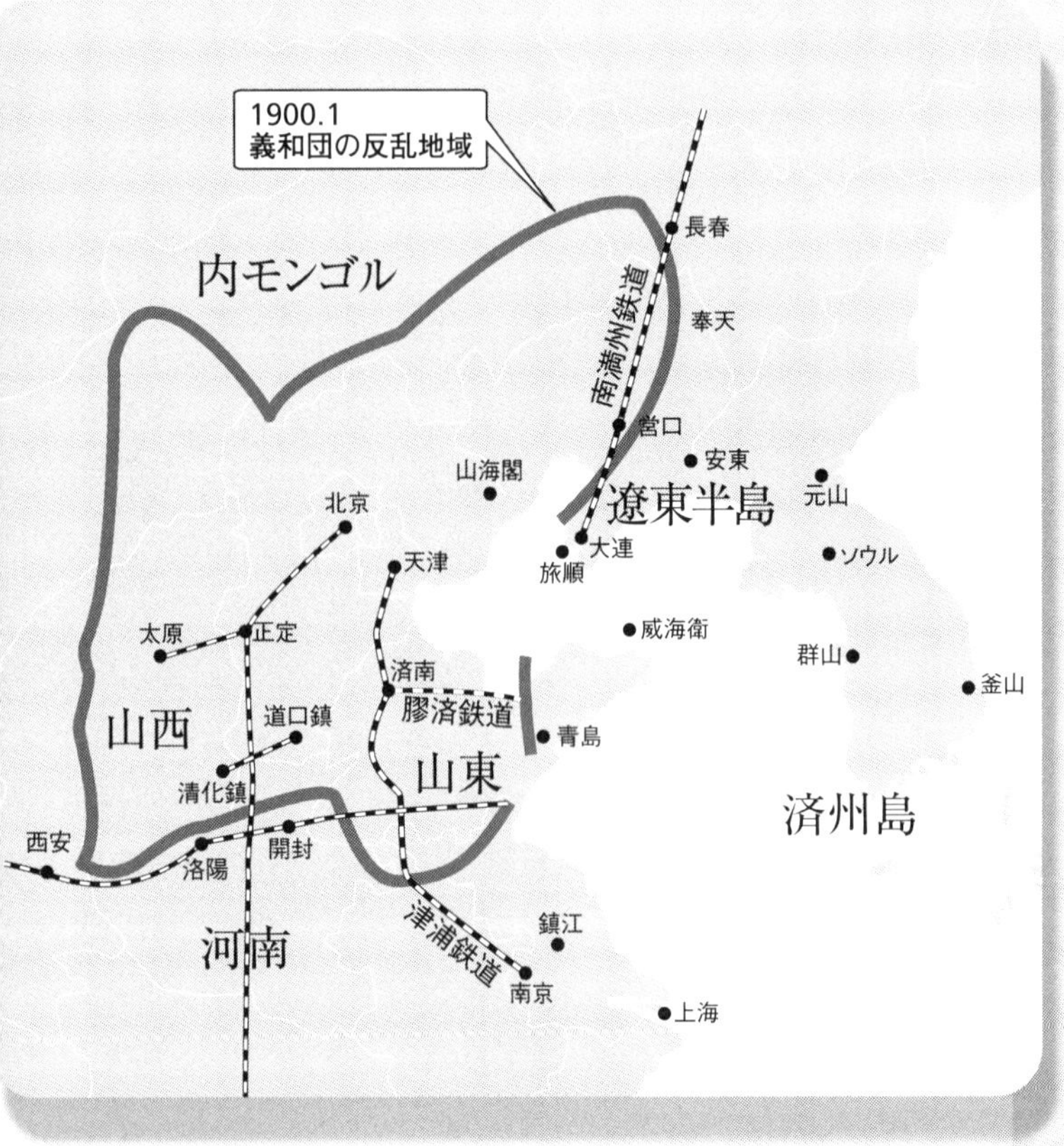
1900.1
義和団の反乱地域
内モンゴル
長春
南満州鉄道
奉天
営口
安東
山海関
遼東半島
元山
北京
大連
旅順
天津
ソウル
太原
正定
威海衛
群山
済南
釜山
山西
道口鎮
膠済鉄道
青島
山東
清化鎮
済州島
西安
開封
洛陽
鎮江
河南
津浦鉄道
南京
上海

■北清事変 義和団事件

●義和団の旗を持つメンバー

「扶清滅洋」(清朝を助け、西洋を滅ぼせ)、「除教安民」(キリスト教を排除し、民衆に安泰を)を唱えた義和団の基となったのは、山東省で生まれた義和拳という武術を修練した宗教的秘密結社。彼らが日本、ドイツ、英国などの中国進出に対して反感を抱く華北一帯の困窮貧農・流民・下層労働者と結びついて急速に巨大化していった。

■開戦時の日本艦隊とロシア太平洋艦隊

艦種	隻数	戦艦名	竣工年	トン数
日本艦隊				
戦艦	6	八島	1897	12,517
		富士	1897	12,649
		敷島	1900	14,850
		朝日	1900	14,765
		初瀬	1901	15,000
		三笠	1902	15,362
装甲巡洋艦	7			
巡洋艦	12			
駆逐艦	19			
水雷艇	28			
砲艦	7			
仮想巡洋艦	18			
海防艦	16			
通報艦	3			
ロシア太平洋艦隊				
戦艦	7	ポルタワ	1898	10,960
		セバストポリ	1899	11,842
		ペトロパウロフスク	1899	11,354
		ペレスウィート	1901	12,263
		レトウィザン	1901	12,900
		ポビエダ	1902	12,683
		ツェザレウィチ	1903	12.915
装甲巡洋艦	4			
巡洋艦	10			
駆逐艦	18			
水雷艇	17			
砲艦	7			
仮想巡洋艦・海防艦・通報艦はいずれも隻数は0				

1904～1905

日露戦争・後編

【日露戦争・後編】

1904(明治37)年に開戦した日露戦争。開戦後、日本は旅順港閉塞作戦などによる奇襲攻撃を決行する。その後の鴨緑江渡河作戦、黄海海戦、奉天会戦、日本海海戦などの結果、日本側優勢が確定。相次ぐ敗報に民衆の不満が高まり、政情不安を抱えたロシアは反撃ができず、05(明治38)年9月、アメリカ合衆国仲介の下、ポーツマス条約により正式に終戦。日本は領土と朝鮮半島の支配権を得た。扉写真は、二〇三高地を陥落させ、28センチ砲で旅順港内のロシア艦隊を砲撃する日本軍。04年12月撮影。

■ 日露戦争関係図

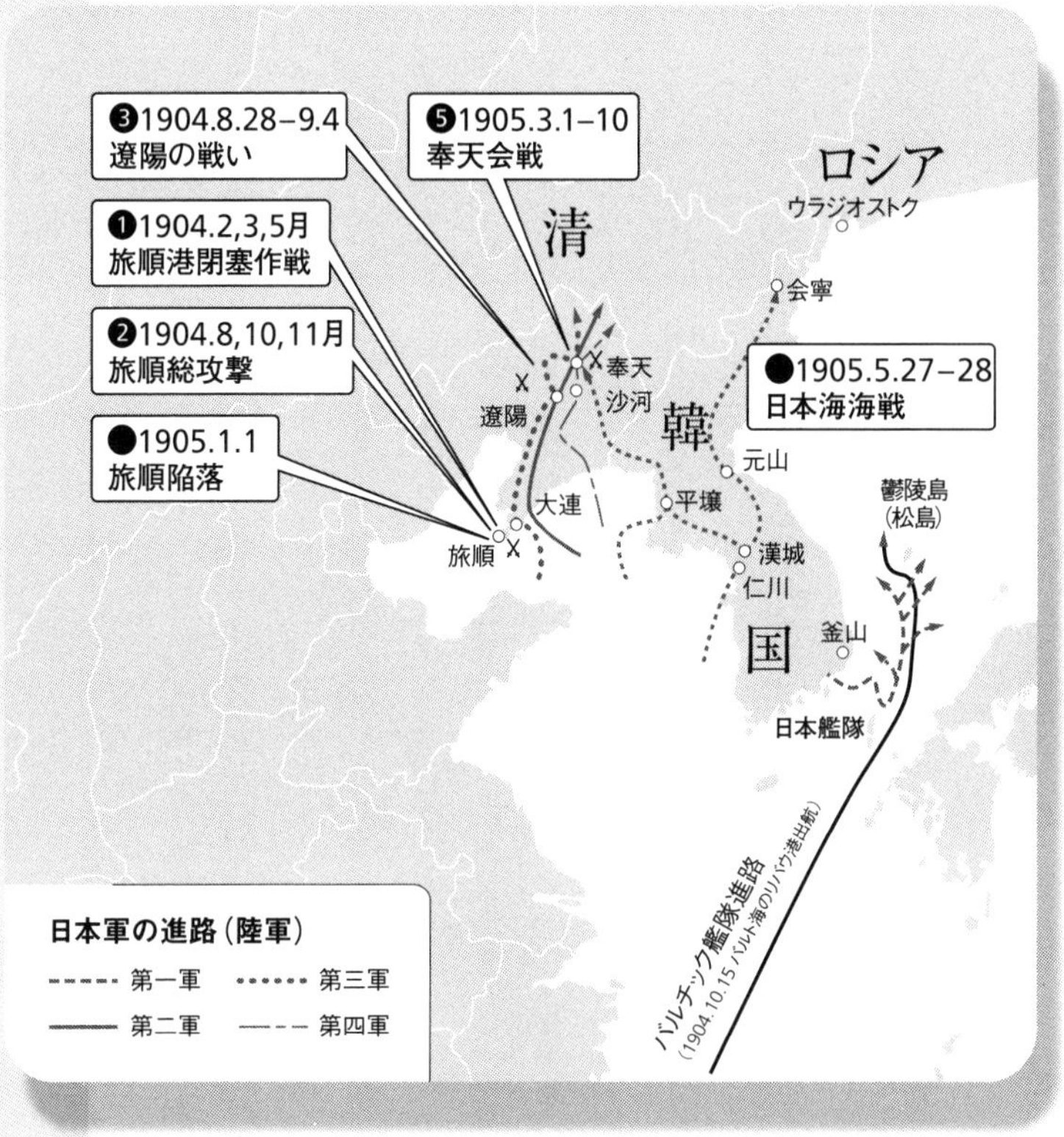

❸1904.8.28–9.4
遼陽の戦い
❺1905.3.1–10
奉天会戦
❶1904.2,3,5月
旅順港閉塞作戦
❷1904.8,10,11月
旅順総攻撃
●1905.1.1
旅順陥落
●1905.5.27–28
日本海海戦
清
ロシア
ウラジオストク
会寧
奉天
沙河
遼陽
韓
元山
平壌
大連
旅順
漢城
仁川
国
釜山
鬱陵島
(松島)
日本艦隊
バルチック艦隊進路
(1904.10.15 バルト海のリバウ港出航)
日本軍の進路(陸軍)
第一軍
第二軍
第三軍
第四軍

田中――今回は日露戦争の後編だ。仁川沖で日本の先制攻撃によって日露戦争が開戦すると、日本軍は旅順港閉塞作戦を行った。これは旅順港に停泊している敵の艦隊を港から出られなくしてしまおうという作戦なんだ。旅順港というのはちょうど胃袋のような形をしていて、港口が狭くなっている。その港口の部分に何と日本軍は、自分の老朽艦をどんどん自ら沈めてしまうという信じられないような捨て身の作戦を行った。この発想が後の神風特攻につながっていったんだな。

太田――この話を聞いたビン・ラディンが、「俺にはできない」って呟《つぶや》いたらしいな。

田中――呟いてねえよ！　日本軍は出撃しては自分たちの船を爆破し、間一髪のところでボートに乗って脱出するという命がけの作戦を繰り返した。この行為は軍国美談として国内でも報道され、語られた。

太田――船が沈む最後の最後まで、楽団はデッキで音楽を演奏し続けたんだよな。

田中――『タイタニック』じゃねえんだよ！　楽団なんていねえよ！　この出撃は３回にわたって行われ、20隻近く沈めたが結局成功はしなかった。しかしこの決死の作戦はロシア軍の士気をひるませることになった。

太田――確かに、今まで小さくて、弱いだろうと思ってバカにしていた相手が、いきなりこんな作戦をしてきたらひるむだろうな。「やばい。あいつら狂ってる。何してくるかわかんないぞ」って感じだな。

田中——そうだろうね。

太田——キレた時のお前みたいな感じだよな。

田中——うるせえよ！

太田——真っ赤になってその場でウンコ漏らして、そのウンコを俺に向かって投げてくるからな。そんな奴とまともに戦えないって思うもん。

田中——俺がいつそんなことしたんだよ！　口からでまかせ言うんじゃねえよ！　その後日本軍は、韓国と清の国境である鴨緑江を越え満州まで入ることに成功する。特に日本軍が強かったというわけでもないんだが、ロシア軍が日本をなめていたということもあって、戦況は日本に有利に展開する。ロシア軍本拠地であった九連城と鳳凰城も数日の戦闘によって日本軍が占拠する。また第二軍は遼東半島から上陸。南山の戦いで大苦戦しながらも勝ち進む。黄海海戦ではロシアの旅順艦隊は半数の軍艦を失う。そしていよいよ第三軍が旅順攻略に向かって出撃する。第三軍司令官は、あの乃木希典《のぎまれすけ》大将だ。

太田——ああ、あの乃木坂に住んでた人。

田中――そんな覚え方しててんじゃねえよ！　乃木大将が住んでいたから、あそこは乃木坂になったんだよ！

太田――確かにな。あの坂、乃木坂になる前は、暗くて何か出そうだということで〝幽霊坂〟と呼ばれてたんです。

田中――余計なウンチク披露しなくていいんだよ！　とにかく旅順を攻略するためには、標高203メートルの二〇三高地を陥落できるかどうかにかかってたんだ。なぜならその二〇三高地の山頂からは旅順港が一望でき、停泊中の戦艦の位置などを全て把握することが可能で、そこから指揮すれば俄然《がぜん》旅順戦が有利になるからだ。

太田――お前は身長153センチで、〝一五三低地〟って呼ばれてるんだよな。

田中――呼ばれてねえよ！　第三軍は猛攻撃の末に二〇三高地を陥落。山上からの的確な観測指揮によって、ついに旅順も陥落したんだ。次いで日本軍は激闘の末、ボロボロになりながらも奉天を占領。ロシア海軍はついにバルチック艦隊を極東に派遣し、日本海海戦となる。敵艦が見えた時に東郷平八郎が大本営に打電した言葉、『本日天気晴朗ナレドモ波高シ』は有名だよね。

太田――天気は晴朗だけど、波は高いというのは俺とか、ドジ井坂とかのサーファーにとっては最高の状態だぜ！

田中——ドジ井坂はそうかもしれないけど、お前のどこがサーファーなんだよ！　しかもドジ井坂なんて、今さら誰も知らねえよ！　いろいろな突っ込みを一遍にさせるな！

戦局は日本の連合艦隊の有利のうちに進み、パーフェクトとも言える日本の勝利だった。総合的な戦力では連合艦隊がバルチック艦隊の17倍もの実力を持っていたと言われている。その上、バルチック艦隊は7カ月もの長い航海で疲れ切っていて戦闘意欲もなかったんだ。

太田——まさに航海して後悔したらしい。

田中——くだらなすぎるよ！　ここまで戦局は日本に有利に展開してきたが、この時点で日本はもう兵力も財力も使い果たしてしまっていてヘトヘトの状態だった。それに対してロシアはまだ十分に余力を残していた。このまま戦争が続けば、いずれ逆転されることは目に見えている。日本としては何とかこのタイミングで戦争を終わらせたかった。また、ロシアも国内の革命運動を抑圧するために戦争終結を望んでいた。日本はアメリカに調停役を期待、それに応《こた》えてセオドア・ルーズベルトが講和を斡旋《あっせん》。アメリカのポーツマスで日露戦争の講和条約が調印された。

太田──そのニュースを聞いた日本人は喜んで口々に叫んだらしいな。「ポーツマス！　ポーツマス！　クララが立った！　クララが立った！　ハイジも立った！　ハイジも立った！」

田中──何だよそれは！

太田──『天気晴朗ナレド猫ひろし』。

田中──うるせえよ！　全く意味がわかんねえよ！　日本は何とか戦争には勝ったが、兵も金も失って何も持っていないボロボロの状態だった。

太田──世界チャンピオンにはなったけど、その後「ＯＫ牧場」しか言えなくなっちゃったガッツさんみたいなもんだな。

田中──そういうこと言うなよ！　日本はロシアからもらえるはずの賠償金に期待した。しかしロシアはこの支払いを断固拒否した。賠償金は征服された国が払うもので、自国の領土が侵略されておらず、まだ交戦能力があるロシアは払う必要がないという理屈だった。そういうことで、結局賠償金は支払われなかったんだ。

太田──それも凄《すご》いな。相手がショーケンだったら間違いなく脅しの電話がかかってくるぜ。

田中――やめろよ！　これを不満に思った日本国内の民衆が日露講和条約に反対し、暴動にまで発展したのが〝日比谷焼き打ち事件〟だ。

太田――いわゆる〝ナオンのヤオン〟って呼ばれているやつだな。

田中――全然違うよ！　それは日比谷野音で昔やってた女性ロックバンドのイベントだろ！　って、ここまで説明しなきゃなんないツッコミをさせるなよ！　その後、日露関係は少しずつ変化する。その原因はアメリカだった。アメリカの鉄道王エドワード・ハリマンが南満州鉄道の日米共同管理を提案するが、日本はこれを拒否する。その後アメリカは満州進出を意図するようになる。満州における自国の地位確保に関して、ロシアも日本も同じ立場でアメリカを警戒するようになり、日露はそれまでのせめぎ合いから徐々に協調するようになる。つまり敵の敵は味方ということだ。

太田――つまり、フジテレビがニッポン放送の株を突然ホリエモンに買われたことにビックリして、思わずナベツネと手を組んじゃうようなもんだな。

田中――全然違うよ！　第一次、第二次日露協約によって日露関係は安定する。この協約でロシアは日本の韓国併合を承認する。これによってようやく日本は長年にわたる願いを成就したと言えるんじゃないかな。思えば日清戦争の時から韓国の支配権をめぐって日本は戦争をし続けてきたんだからね。

太田――〝第一次韓流ブーム〟って呼ばれてな。

田中――呼ばれてねえよ！　しかしこの日本の韓国併合から韓国国内の反日運動はいっそう激化した。日韓併合に関する条約に調印した李完用ら五大臣は〝乙巳の五賊〟と呼ばれ韓国民衆の怒りの的となったんだ。

太田――英語で言うと〝クールファイブ〟だな。

田中――全然違うよ！

■日露戦争の兵力動員状況・総兵力・戦死者数

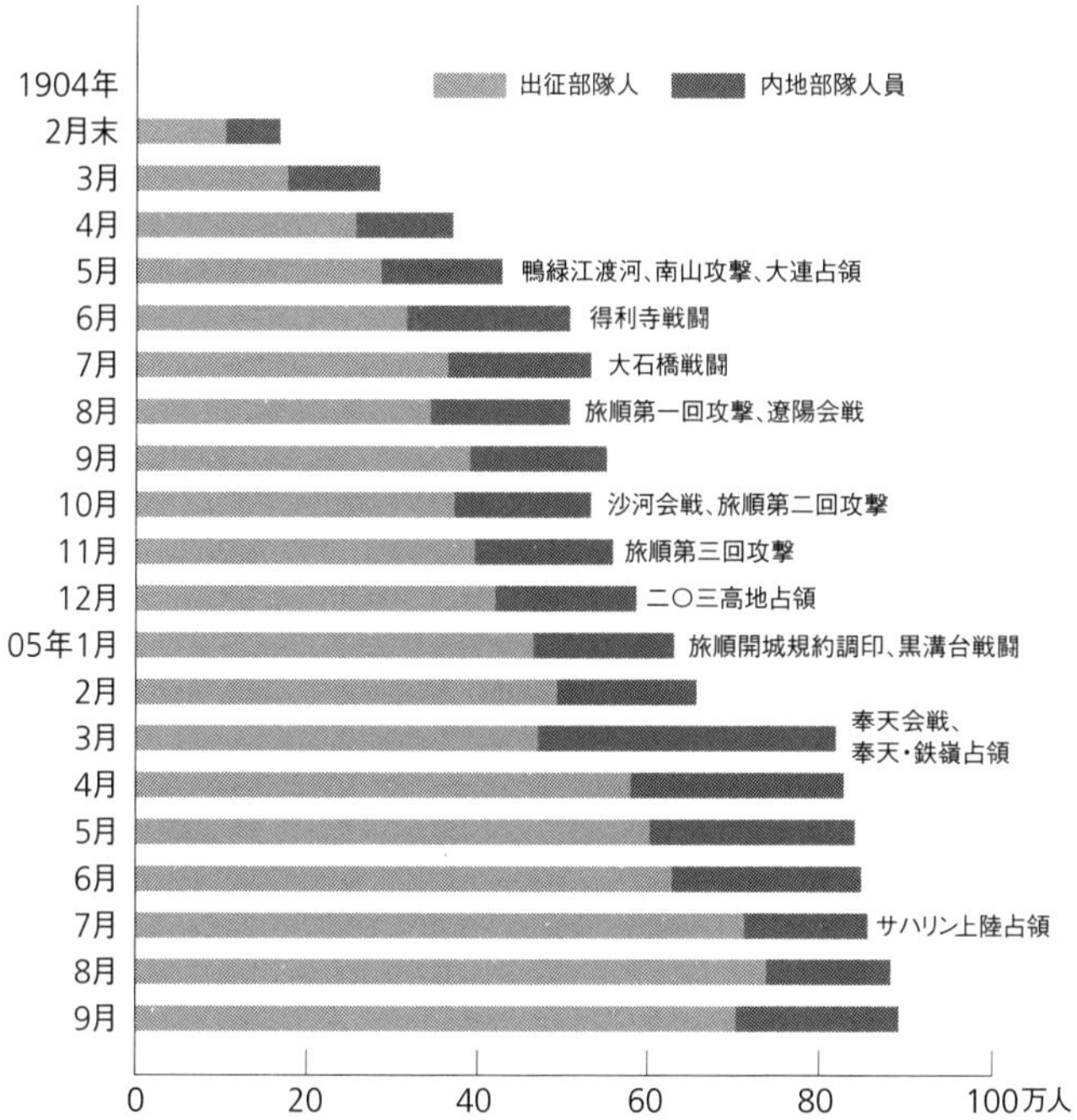

動員総兵力

戦地勤務	94万5394人
内地勤務	14万3602人
計	108万8996人

戦死者数

戦闘死	6万31人
病死	2万1424人
計	8万1455人

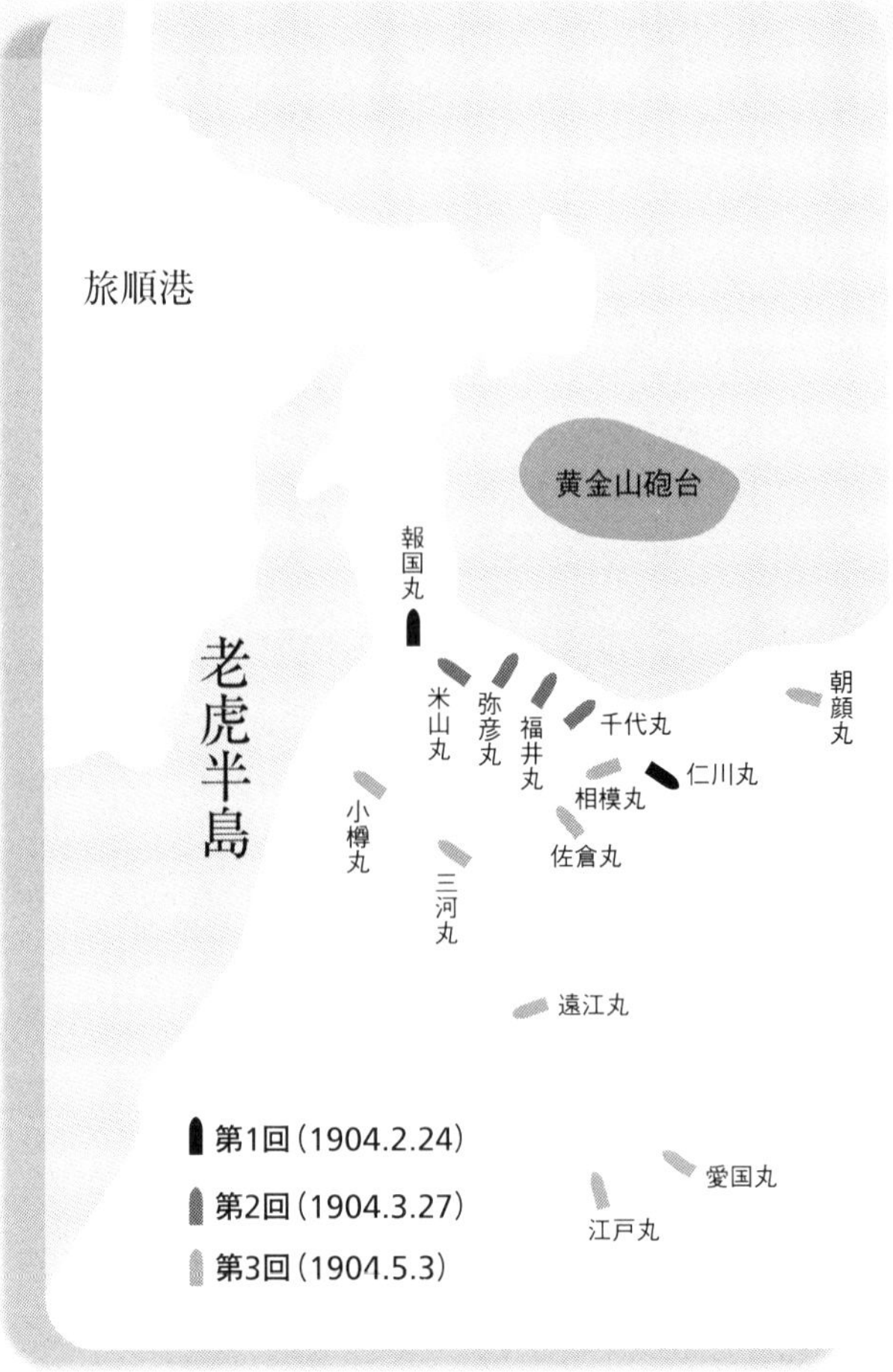
旅順港
黄金山砲台
報国丸
老虎半島
米山丸
弥彦丸
福井丸
千代丸
朝顔丸
仁川丸
相模丸
小樽丸
佐倉丸
三河丸
遠江丸
第1回（1904.2.24）
第2回（1904.3.27）
第3回（1904.5.3）
愛国丸
江戸丸

■旅順港閉塞作戦

●旅順港内に閉じ込められたロシア艦隊
6月23日に旗艦ツィザレウイッチを先頭に脱出を図ったが、急行した連合艦隊と小競り合いのの
旅順港にUターンした(1904年6月23日撮影)。

■旅順港閉塞作戦データ

1904年2月24日	第一次旅順港閉塞作戦 参加船:「天津丸」「報国丸」「仁川丸」「武揚丸」「武州丸」の計5隻 報国丸、仁川丸が予定地近くで自沈
1904年3月27日	第二次旅順港閉塞作戦 参加船:「千代丸」「弥彦丸」「福井丸」「米山丸」の計4隻 4隻全てが突入、自沈するが閉塞には至らず
1904年5月3日	第三次旅順港閉塞作戦 参加船:「新発田丸」「小倉丸」「朝顔丸」「三河丸」「遠江丸」「江戸丸」「長門丸」「小樽丸」「佐倉丸」「相模丸」「愛国丸」「釜山丸」の計12隻 天候不順と陸上からの迎撃により作戦は中止されるが、連絡の徹底を欠き、計8隻が突入、自沈

■日本海海戦時の両国艦隊

	艦種	隻数	火砲	門数
バルチック艦隊				
	戦艦	8	主砲30サンチ	33
	巡洋艦	9	主砲20サンチ	25
	駆逐艦	9	副砲15サンチ	106
	海防艦	3		
	水雷艇	0		
連合艦隊				
	戦艦	4	主砲30サンチ	17
	巡洋艦	20（装甲巡洋艦を含む）	主砲20サンチ	34
	駆逐艦	21	副砲15サンチ	202
	海防艦	5 （装甲海防艦を含む）		
	水雷艇	42		

■臨時軍事費の収支決算

戦費	
収入	17億2121万円 （うち約13億円は内債約6億円と外債約7億円に依存。国家予算の約6倍）
支出	15億847万円 （残高2億1274万円は一般会計に繰入）

1914~1918

第一次世界大戦

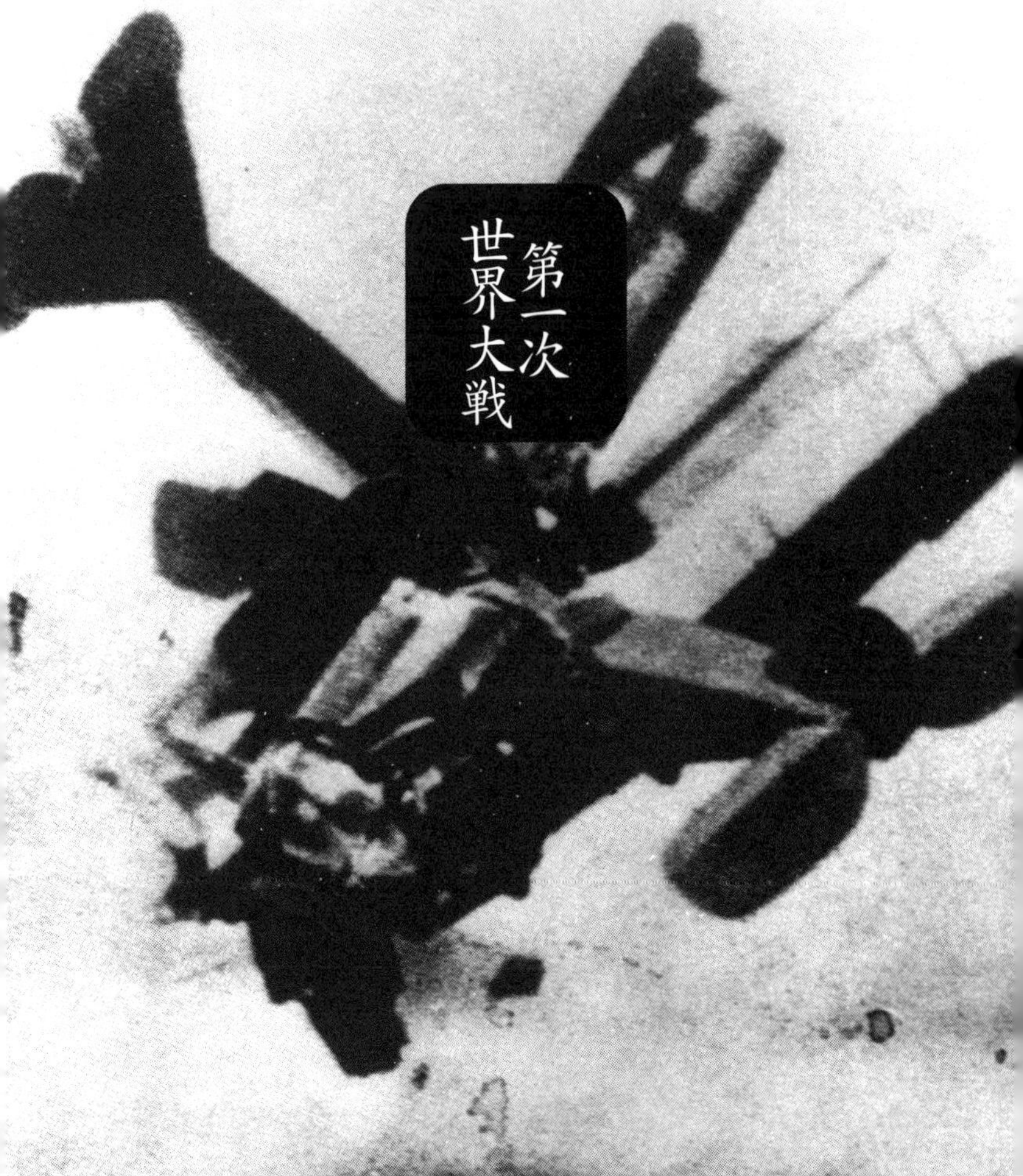

【第一次世界大戦】

1914（大正3）年7月～18（大正7）年11月まで行われた、歴史上最初の世界戦争。ドイツ、オーストリア、イタリア（イタリアは後に同盟側を離脱。協商側で参戦）による三国同盟と、イギリス、フランス、ロシアによる三国協商の2大陣営に分かれて戦った。植民地獲得をめぐる対立と、バルカン半島における民族主義的対立などが原因としてあげられる。17（大正6）年、アメリカが協商側で参戦。18年11月、ドイツ降伏で終戦した。扉写真は、大戦末期に撮影されたドイツのフォッカー機とイギリスのブリストルF2B（下）の空中衝突。

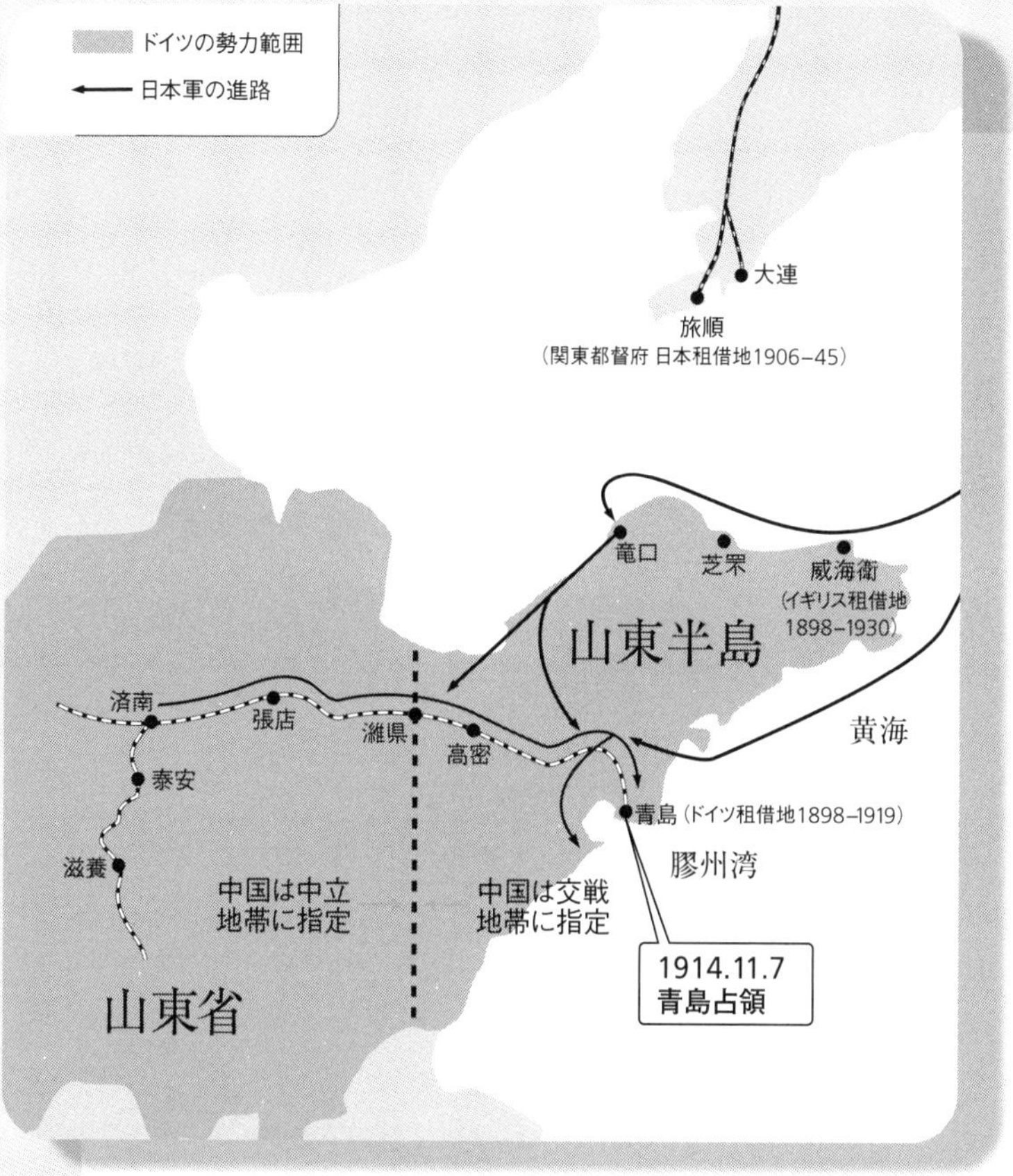

■日本の第一次世界大戦参加

サラエボ事件をきっかけにヨーロッパ全域に広がった第一次世界大戦。日本は直接関係はなかったが、日英同盟に基づいて連合国の一員として参戦し、1914年11月にドイツの勢力範囲であった中華民国山東省の青島を攻略。翌年1月には山東省の利権をドイツから日本へ継承するなどの条件を盛り込んだ対華二十一箇条の要求を行った。

田中――この戦争は１９１４年、ボスニア・ヘルツェゴビナの首都サラエボでオーストリア皇太子・同妃がセルビア人青年の手で暗殺されたことがきっかけで始まる。

太田――確かに日本史の教科書にそう書いてあったよな。今のゆとり教育だともっと簡単に「外国で外国人が殺されたのがきっかけ」って書いてあるらしいけどな。

田中――そこまで簡単にはしてねえよ！

太田――でもこの辺のことってのは複雑なんだよな。

田中――確かにそうなんだよね。いろいろな民族の問題が複雑に絡み合ってるからわかりにくいのは確かなんだけど、とにかくバルカン半島っていうのはセルビア人だのアルバニア人だのといった民族対立があって常に戦乱が絶えない地域だからね。

太田――三浦半島でも地元の漁師と流れ者の漁師がたまに喧嘩になることがあるらしいけどな。

田中――いい加減な嘘つくな！　とにかくこの地域は〝ヨーロッパの火薬庫〟と言われるぐらい、いつ戦争が起きても不思議ではない地域なんだよ。基本的に激しやすい熱い民族なんだろうね。

太田――カンニングの竹山みたいな奴が一杯いるんだろうな。

田中——そんなレベルの話じゃねえよ！　未だにバルカン半島と言えば戦乱が絶えず、いつ争乱が起きるかわからない状況だからね。

太田——なんたって、住んでるのがみんなバルカン星人だからな。

田中——くだらねえんだよ！　言ってることが！　で、とにかくこのオーストリア皇太子暗殺をきっかけにオーストリアとセルビアが開戦をする。その後、ロシアがセルビア側につきドイツと開戦、ドイツとフランスが開戦と、戦争はヨーロッパ全域に広がっていく。

太田——じゃ日本は関係ないじゃねえか。

田中——そう。確かに最初この戦争は日本とは全く関係のない戦争だった。しかし当時の日本はこの戦争をチャンスと考えたんだな。

太田——チャンス？

田中——当時日本は国際収支と財政の〝双子の赤字〟を抱えていた。

太田——おすぎとピーコは〝双子のオカマ〟だけどね。

田中——関係ねえだろ！　当時維新の元老の一人、井上馨はこの戦争に関してこんなことを言っている。「今回欧州の大禍乱は、日本国運の発展に対する大正新時代の天佑《てんゆう》である」と。つまり戦争に参加することによって軍需景気で一気に景気が良くなるだろうと考えたんだ。

太田——なるほど、イラク戦争の時、小泉さんが「ブッシュと仲良くなれるチャンス」って言ったのと同じか。

田中——そんなこと言ってねえよ！ それと日本の目的はもう一つ、この戦争に乗じてドイツが持っている中国の領土を自分のものにしたいという思惑もあったんだ。

太田——日本人のラーメン好きは当時から変わんないんだな。

田中——ラーメンのために中国が欲しいわけじゃねえんだよ！ とにかく日本は是が非でもこの戦争に参加したかった。当時日本はイギリスと同盟を結んでいた。イギリスはもし極東で戦乱があったらその時は日本に軍事協力をしてくれと言っていた。日本はこの事実を建前として、戦争に自ら参加していったんだ。これにはイギリスも困ったという。確かに日本に軍事協力を求めはしたが、戦争に参加してくれとまでは言っていなかったからね。それで必死に日本の参戦を止めようとしたが、日本は無理矢理参加しちゃったんだな。

太田——面白がって番組に出演させてはいたが、提携までは望んでなかったホリエモンとフジテレビの関係みたいなもんだな。

田中——全然違うよ！　要するにイギリスから見たら日本のやろうとしてることは、関係ないのに勝手に自分の都合で参戦してきて自分たちの欲しいものを奪おうという火事場泥棒的なものに思えたんだろうし、実際にそうだったんだな。

太田——当時イギリスではカミラ夫人が「急に横から入ってきて他人のものを奪おうとするのはよくないわね」って言ってたらしいな。

田中——お前だよそれは！　ってそんなこと言わねえよ！　それで世界がヨーロッパで戦争をしている隙《すき》に日本は中国に、あの悪名高き〝対華二十一箇条〟の要求を突きつけるんだ。これは中国国民の人権をまるで無視したとんでもない要求だったんだ。

太田——〝俺より先に寝てはいけない〟とか〝俺より後に起きてはいけない〟とかな。

田中——『関白宣言』じゃねえんだよ！　まず、山東省を日本の勢力範囲に置くこと。それから満蒙の独占支配を策するための旅順と大連の租借権。そして南満州鉄道権益の99カ年の延長など。

太田——99カ年ってのが凄いね。『銀河鉄道９９９』に対抗して『満州鉄道99』ってアニメができたって話だね。

田中――そんな話はねえよ！　それから一番ひどいのが日本人の手による中国の政治、財政、軍事への介入の権利の要求だ。これは重大な内政干渉だ。というより、もう殆ど中国全部を自分のものにしてしまおうということだったんだ。中国側はこの要求が日本からきたということを故意に世界に漏らして国際世論の支持を得ようとしたが、当時ヨーロッパ戦線が激化していた英仏露などの国々にとってはそれどころではなかった。結局中国の望んだ世論の支持は得られないまま、日本は、日本人の手による政治介入の部分は削除した形で、この要求を中国に突きつけた。当時自分の足場を固めるため、日本からのバックアップも欲しかった袁世凱は、これを受諾した。これには当然孫文をはじめとする中国の全国民が猛反発をしたんだ。中国ではこの対華二十一箇条を受諾した5月9日を〝国恥記念日〟として、今でも忘れていない。それが今の中国の反日感情にも表れているよね。

太田――俺、小学校の頃体育の授業で跳び箱を跳び損ねて、思いっきり角で股を打ったことがあって、その日が5月16日なんだけど、俺の中ではこの日を〝恥骨記念日〟って呼んでるんだ。

田中――どうでもいいよそんな告白は！　しかも嘘だし！　その後日本は最初の狙い通

りに軍需景気によって大正バブルの時代になり、数多くの〝成金〟が誕生するんだ。
太田――お前の〝玉金〟は失われたけどな。
田中――もういいよそのネタは！　その成金の中でも一番凄かったのは日米船鉄交換で活躍した、鈴木商店の金子直吉という人で、この人はロンドン支店に「鋼鉄と名のつくものなら何でも金にいとめをつけず買え」と指示し、鉄材と株の値上がりで荒稼ぎをしたんだ。
太田――あだ名が〝カネエモン〟だったらしい。
田中――そんなあだ名ねえよ！　ホリエモンじゃあるまいし！　その頃、国内では物価が高騰し、米の値段が上がり米騒動が起きる。
太田――米米CLUBが大騒ぎした事件だろ。
田中――全然違うよ。この米騒動というのは元々富山の主婦たちが米の安売りや他県への転売の中止を訴えて町の有力者や米屋に押しかけたのが発端となり、全国へ広がって大規模な騒動となったんだ。その前年、ロシアではロシア革命が起こる。この革命軍の鎮圧と、チェコ軍救援のためにアメリカと日本が共同でロシアに出兵する。これが〝シベリア出兵〟だ。イギリス、フランス、イタリア、カナダ、中国もそれに続いた。日本の出兵目的はあくまでチェコ軍救援ということなんだけど、これは建前で本当の目的はロシア革命の混乱に乗じて北満州、シベリア方面を日本の支配下に収めることだった。日本はここでもまた火事場泥棒的な行動に出るんだ。日本は連合軍の協定である1万2000人という数字を無視して7万3000人の大軍を派遣する。これにはさすがに国内の世論も反対する。新聞、雑誌をはじめ多くの人々が終始シベリア出兵に反対の声をあげたんだ。

太田――その時叫んで、声がかれてしまった人のことを〝シベリアンハスキー〟と呼ぶんだよな。

田中――呼ばねえよ！　日本のシベリア出兵は結局、第一次世界大戦が終了し、他の国々が撤退した後、1922年まで続き、戦費10億円、死者3500人、得たものは国際的な不信だけだった。第一次世界大戦が終わったのは1918年。ドイツが講和の意思を表明し、休戦。その後、パリのヴェルサイユ宮殿で講和会議が開かれる。

太田――ヴェルサイユ宮殿てのが凄いね。デヴィ夫人がいそうだね。

田中――いねえよ！　この時のヴェルサイユ条約によって、ドイツに対し戦争による一切の損失、損害に対する賠償責任が課せられる。これがドイツを追いつめ後のナチズムの台頭の原因となるんだな。また日本は山東省の権益を主張し、それが通る。これに対して中国では大変な反日運動が起こる。これが〝五・四運動〟だ。後に山東半島の利権は中国に返還されるんだが、中国人の反日感情はますます深くなっていったんだ。

太田――その頃中国と日本の板挟みになって苦しんでいたのが、ゼンジー北京《ペキン》師匠だな。

田中――全く関係ねえよ！

■第一次世界大戦前の国際関係

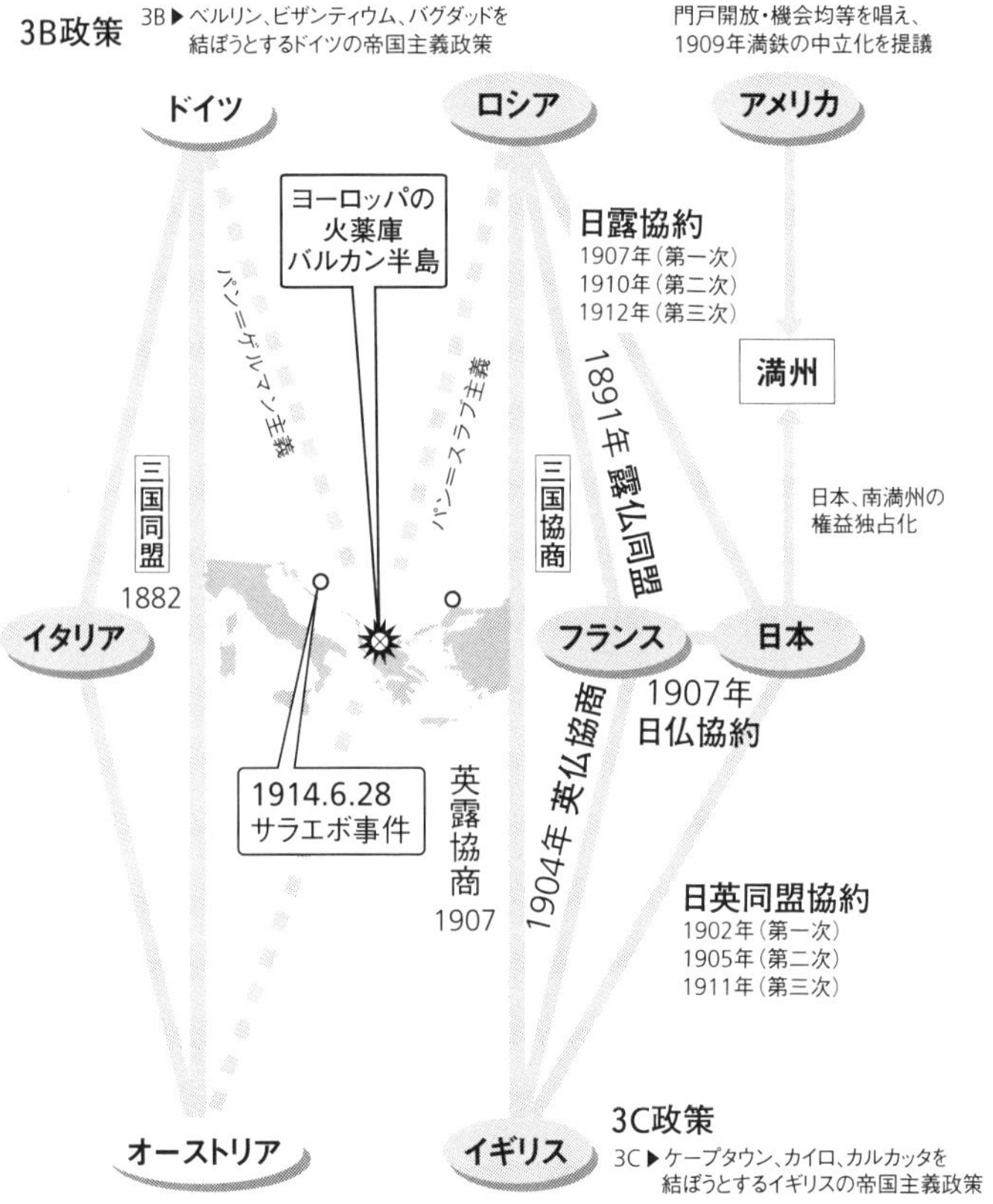
3B政策
3B▶ベルリン、ビザンティウム、バグダッドを結ぼうとするドイツの帝国主義政策
門戸開放・機会均等を唱え、1909年満鉄の中立化を提議
ドイツ
ロシア
アメリカ
ヨーロッパの火薬庫バルカン半島
日露協約
1907年(第一次)
1910年(第二次)
1912年(第三次)
パン=ゲルマン主義
パン=スラブ主義
満州
1891年 露仏同盟
三国同盟
1882
三国協商
日本、南満州の権益独占化
イタリア
フランス
日本
1907年
日仏協約
1914.6.28
サラエボ事件
英露協商
1907
1904年 英仏協商
日英同盟協約
1902年(第一次)
1905年(第二次)
1911年(第三次)
3C政策
オーストリア
イギリス
3C▶ケープタウン、カイロ、カルカッタを結ぼうとするイギリスの帝国主義政策

■サラエボ事件の背景

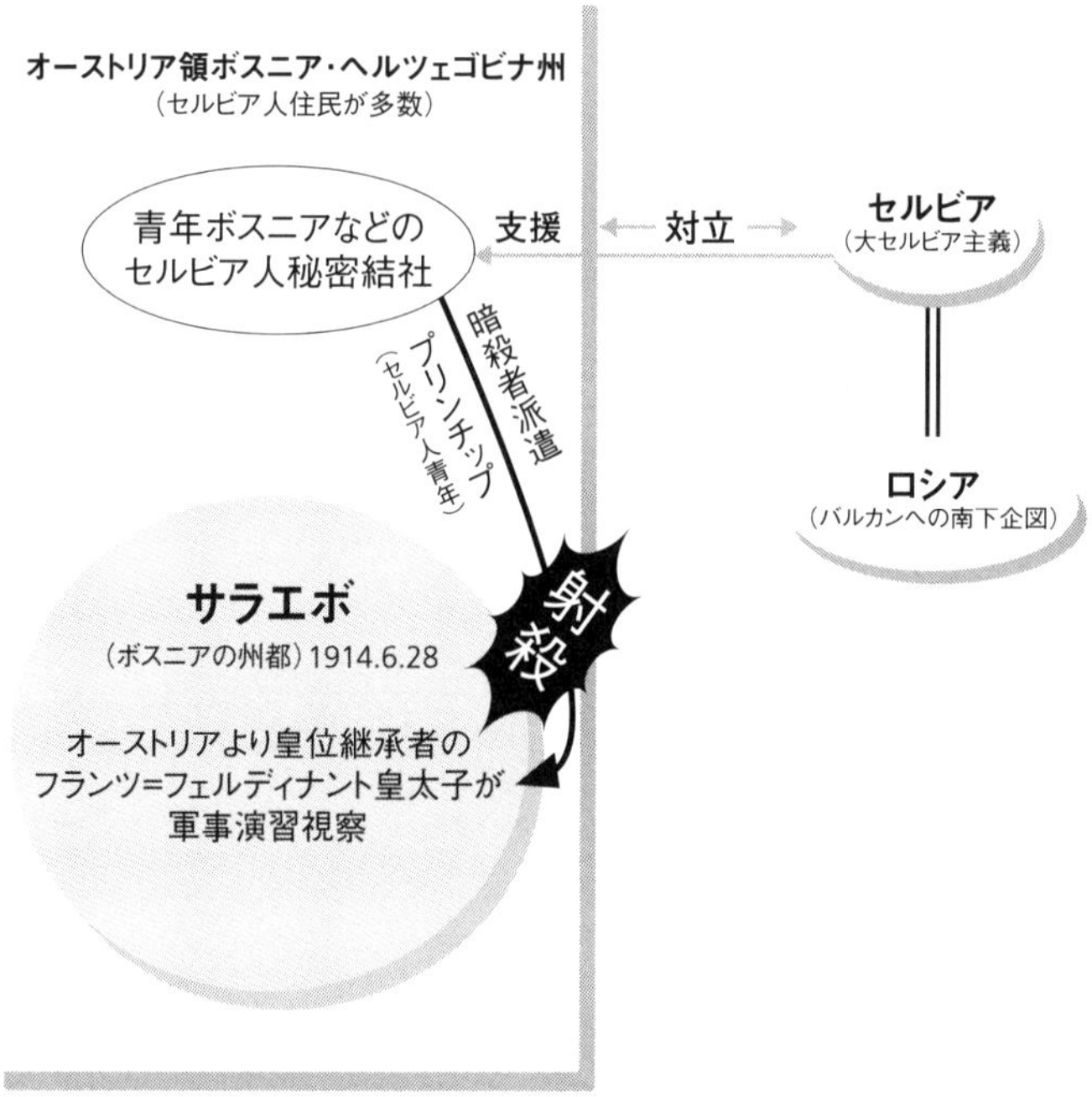

●サラエボ事件

1914年6月28日（大セルビア王国滅亡（1389）の記念日）にオーストリアの皇位継承者フランツ=フェルディナント皇太子夫妻が、当時オーストリア領だったボスニア・ヘルツェゴビナ州サラエボを視察中に、セルビア人の青年ガブリロ・プリンチップにより暗殺された。この事件が第一次世界大戦勃発のきっかけとなった。

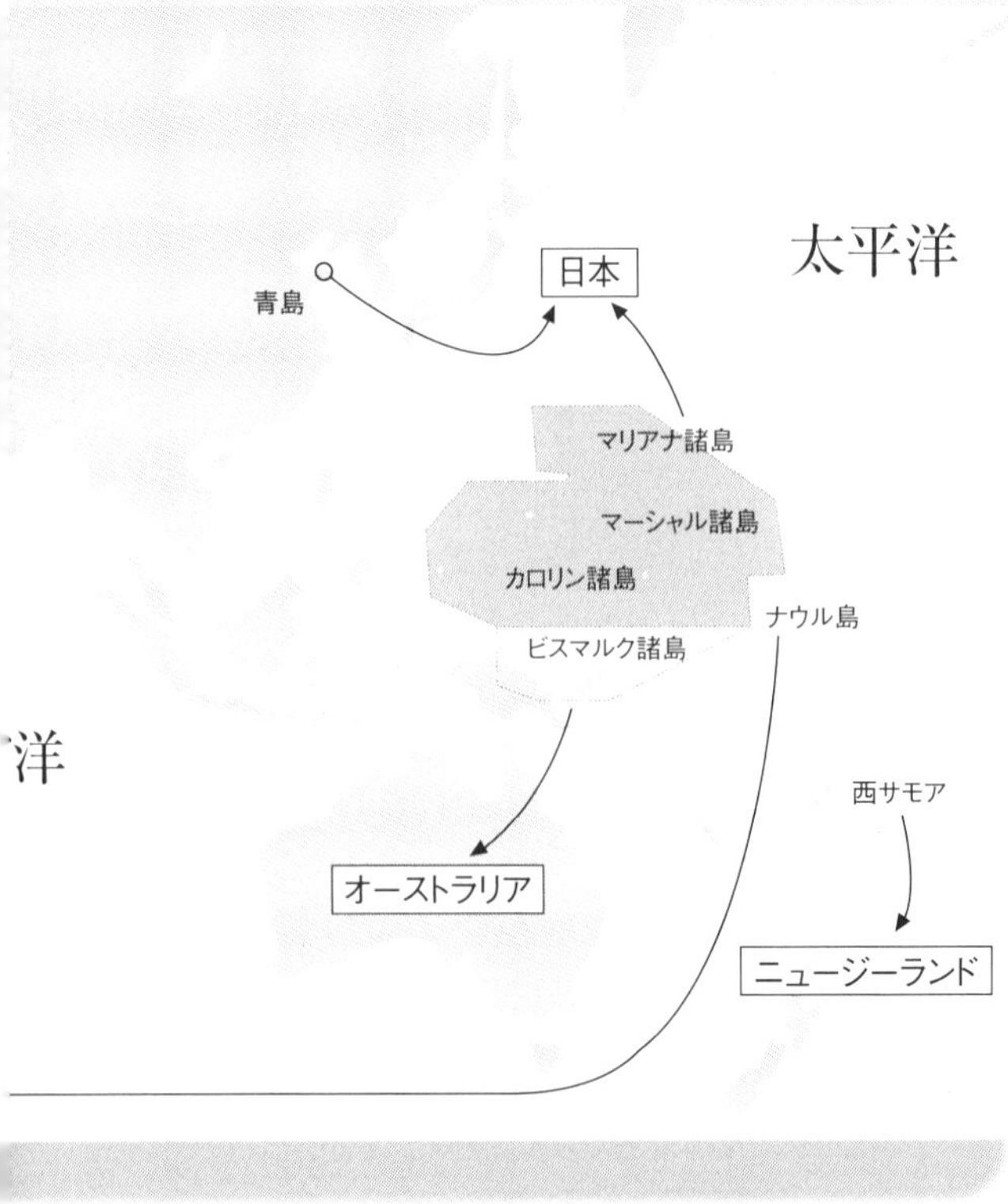

●ドイツ・フランス戦線では毒ガスが使用された
第一次世界大戦は飛行機・戦車・潜水艦などの兵器が初めて投入された戦争であり、過去に行われた国家間戦争に比べて死傷者の数が飛躍的に増加した。また毒ガス兵器も初めて使用された。

■ドイツの失った海外領土

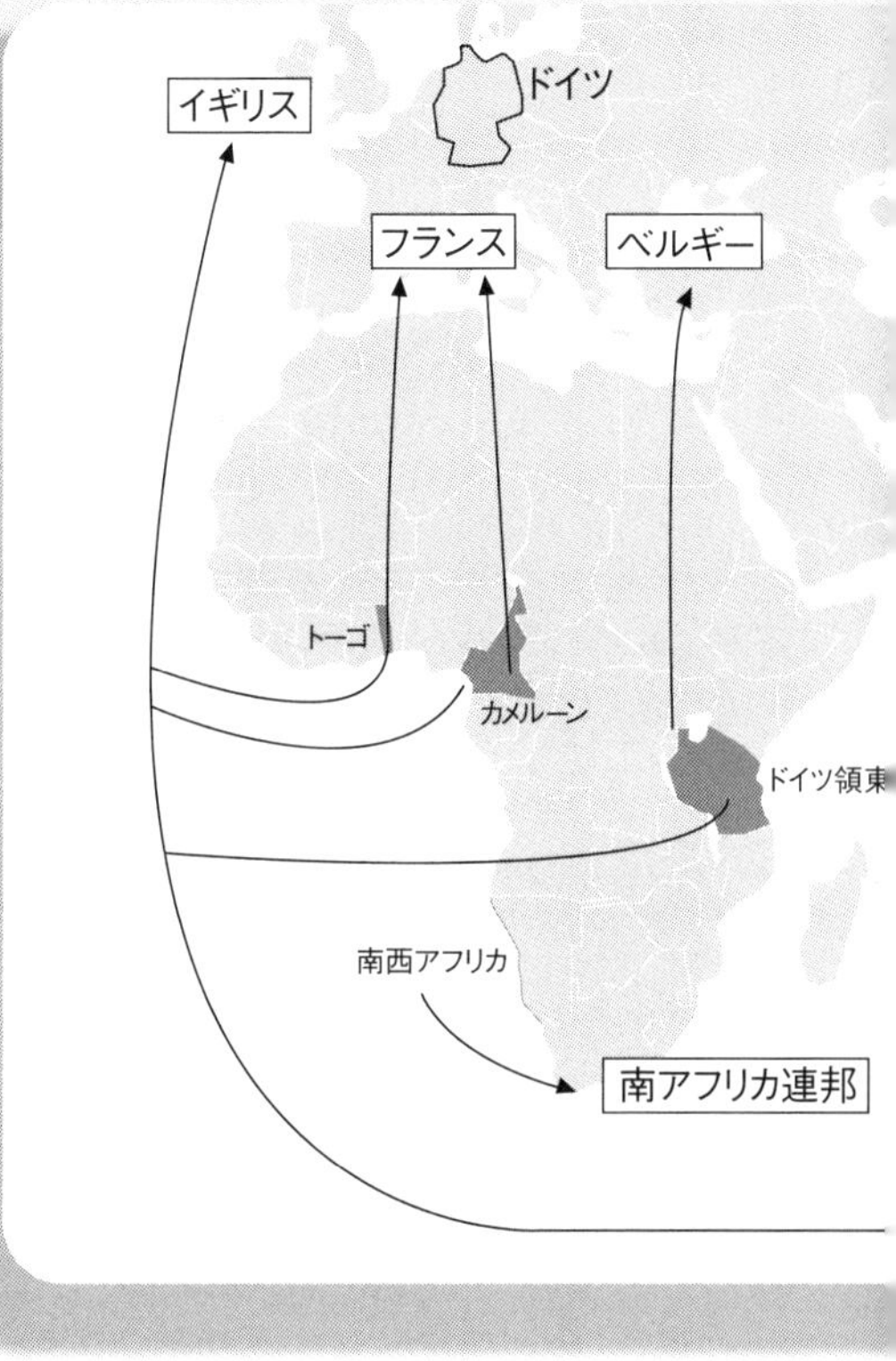

■国際戦争における戦死者数

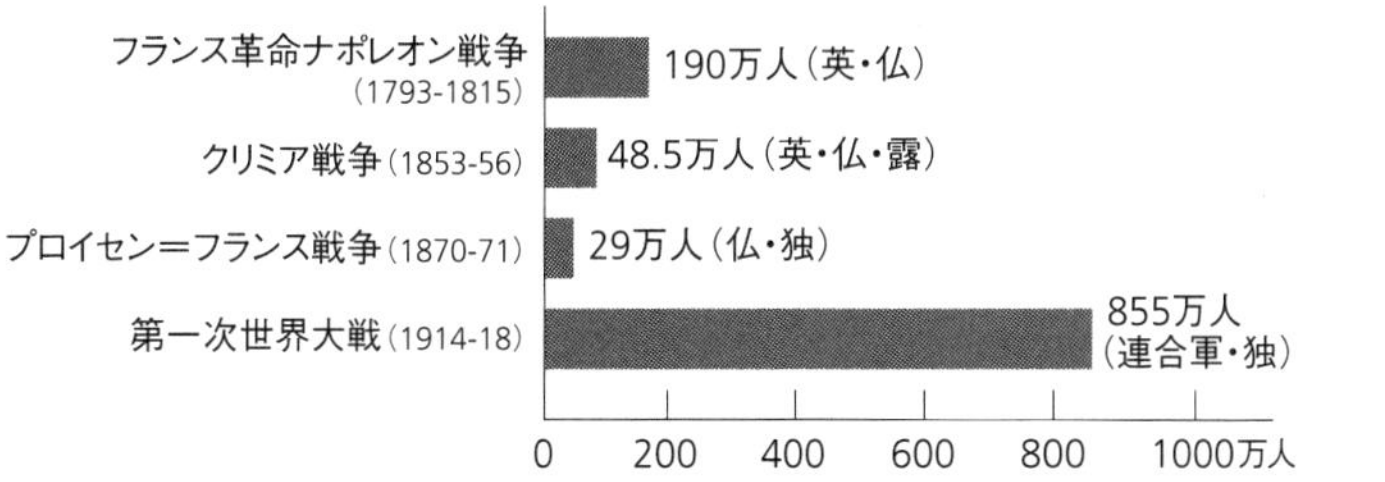

■対華二十一箇条

1915年1月18日、大隈重信内閣（加藤高明外務大臣）が中華民国の袁世凱政権に行った5号二十一箇条の要求。

第1号	山東省ドイツ利権の継承
第2号	南満州、東部内蒙古の日本権益の一層の強化
第3号	漢冶萍公司[*1]の日中合弁事業化
第4号	福建省の他国への不割譲に関する取り決め
第5号	中国の一般に関する事項[*2]

*1 1908年に漢陽製鉄所、大冶鉄山、萍郷炭鉱が合併して成立した中国最大の民間製鉄会社

*2 中国政府に政治経済軍事顧問として日本人を雇用させるなどの内容で、要求ではなく希望条項としていたが、国際的な批判を浴び、撤回した。

■シベリア出兵

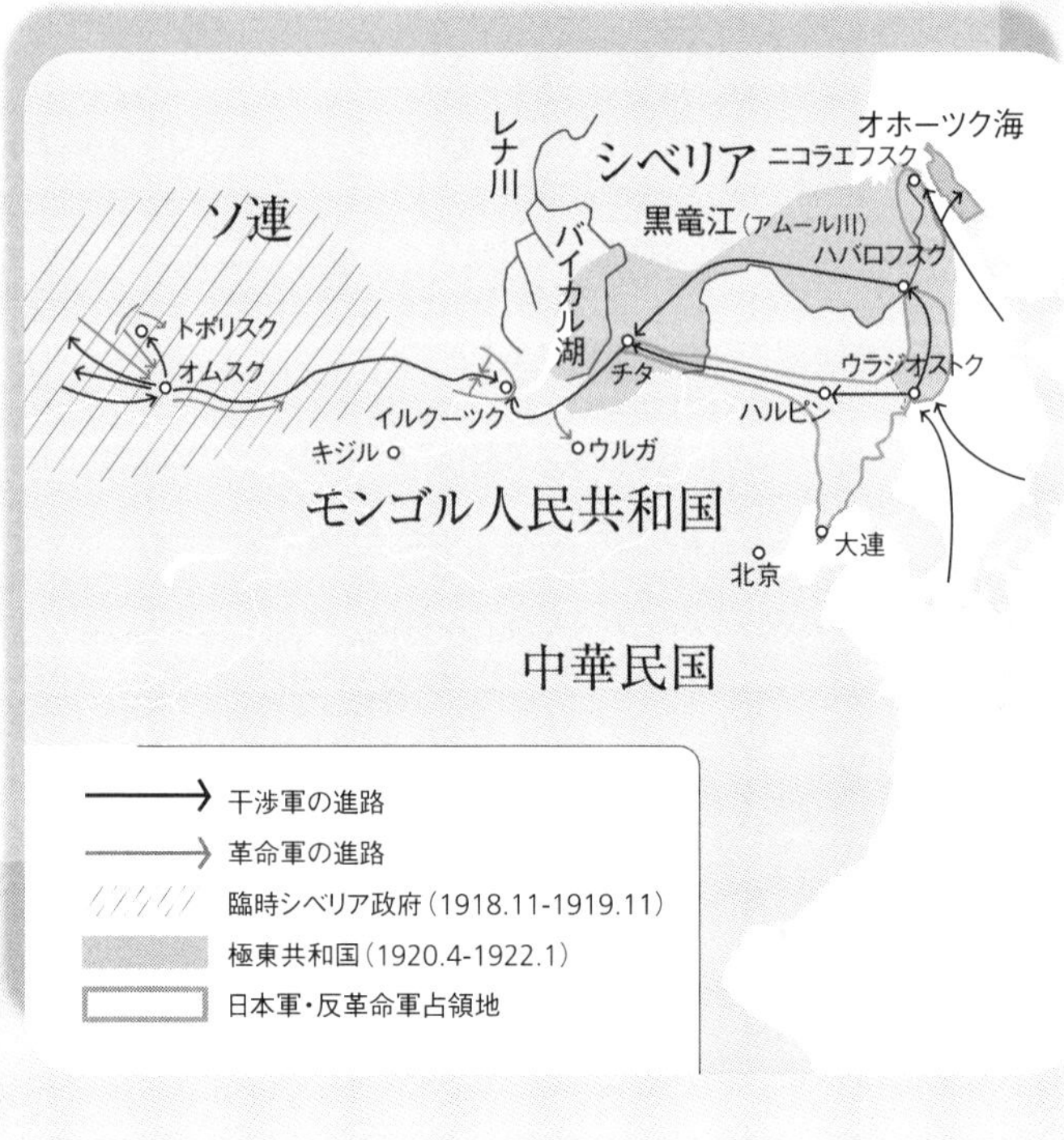

1927～1928

山東出兵

【山東出兵】

田中義一内閣が、3度にわたり実施した中国山東省への出兵。〈第一次〉1927（昭和2）年、国民革命軍（国民政府）が北伐を開始すると、田中内閣は、済南居留日本人保護のため、青島から済南に進駐。国民革命軍が敗退し北伐がゆるむと、日本は撤兵した。〈第二次〉28（昭和3）年4月、北伐が再開されると、ただちに再出兵。済南で国民革命軍と衝突する。〈第三次〉同年5月、日中両軍の市街戦の際、多くの在留日本人が殺されたことで増援軍を派遣。済南を占領した。扉写真は、済南を占領し、城内で万歳を叫ぶ日本軍。28年5月撮影。

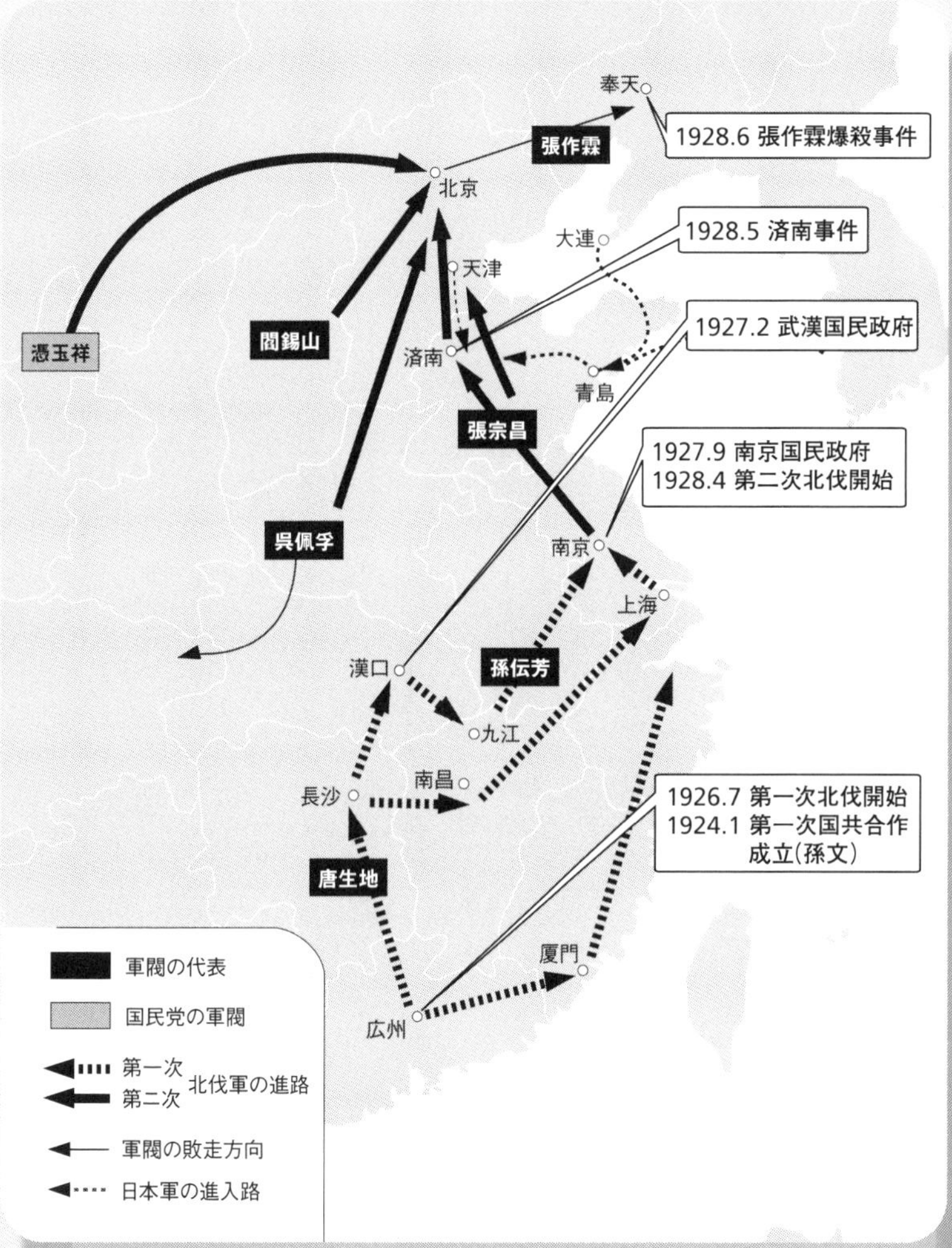

奉天
1928.6 張作霖爆殺事件
張作霖
北京
1928.5 済南事件
大連
天津
1927.2 武漢国民政府
憑玉祥
閻錫山
済南
青島
張宗昌
1927.9 南京国民政府
1928.4 第二次北伐開始
呉佩孚
南京
上海
漢口
孫伝芳
九江
南昌
長沙
1926.7 第一次北伐開始
1924.1 第一次国共合作
成立(孫文)
唐生地
厦門
広州
軍閥の代表
国民党の軍閥
第一次
第二次
北伐軍の進路
軍閥の敗走方向
日本軍の進入路

■蔣介石の北伐ルート

田中――今日のテーマは山東出兵だ。

太田――山東昭子が鉄砲担《かつ》いで突撃していったあの事件な。あれは驚いたよな。

田中――そんな事件は起きてねえよ！　第一次世界大戦の終わり、日本は中国・山東省における旧ドイツ利権を日本の権益にすることを強硬に主張した。そして、それが通ると中国では反日運動が起きたんだ。それが五・四運動だった。その後、日本は山東半島の利権を中国に返還させられた。それでも日本にとって、山東省の利権が欲しかったことは事実だ。

太田――じゃないと山東昭子の立場がないもんな。

田中――だから山東昭子は関係ねえよ！　第一次世界大戦の前、中国では辛亥《しんがい》革命というのが起きていた。これの中心となったのが孫文だ。

太田――ソフトバンクの。

田中――それは孫正義《そんまさよし》だよ！　それまで中国を支配していた清朝を倒し、中華民国を樹立した中国の共和主義革命だな。つまり中国は混沌《こんとん》としていた。そんな中、日本は中国に進出しようとしたから、五・四運動が起き、反日感情は自然と高まっていった。

太田――そういえば、昔アグネス・チャンも林真理子と喧嘩してたもんな。

田中——全然、話のレベルが違うよ！　その後、五・三〇事件なども起きる。これは中国民衆の反帝国主義運動だ。当時日本の工場は中国人労働者に搾取《さくしゅ》と圧制を加えていた。こういう日本や列強の帝国主義に対する中国国民の反乱だな。孫文はそういう中国をなんとか統一しようとしていた。その一つの動きが国共合作《こっきょうがっさく》というやつだ。これは孫文の国民党と共産党が提携して一つになって革命を起こそうという考えだ。しかし後にこの国民党と共産党は対立することになるんだけどね。

太田——まだ『平成教育予備校』にホリエモンが出演していた時のフジテレビとライブドアみたいな関係だな。

田中——そんなたとえ、いらないよ！　孫文に師事した蔣介石は孫文の死後、国民党中央執行委員、国民革命軍総司令官となり、中国に国民革命を起こそうとする。山東出兵はその中国の国民革命に対する日本の武力干渉なんだ。

太田——山東出兵という言葉を聞くとどうしても、たのきんのヨッチャン主演の映画『三等高校生』を思い出しちゃうんだよな。

田中——何でそうなるんだよ！

太田——たのきんトリオ全盛期で、確かトシちゃんの『ウィーン物語　ジェミニ・Yと

S』と2本立てだったんだけど、みんなトシちゃんの映画が終わると劇場から出てっちゃうんだよな。ヨッチャンその当時から可哀相《かわいそう》だったぜ。

田中――うるせえよ！

太田――あれだったら、のおちん（ジャPAニーズにいた乃生佳之《のおよしゆき》）の『だいじょうぶマイ・フレンド』の方がまだましだったな。

田中――そんな話どうでもいいんだよ！

太田――何で、お前、たのきんトリオの大ファンだったじゃねえか。

田中――そりゃそうだけど。

太田――それで〝たのきん〟1個取ったんだろ。

田中――俺が取ったのは〝たまきん〟だよ！　そんなことはいいんだよ！　とにかく国民革命の高まりの中、国民政府が北方軍閥の打倒を目指し北伐《ほくばつ》を開始する。蔣介石は勢いに乗って上海、南京を占領するんだ。そうした中、日本では田中義一内閣というのができる。日本政府は国民政府の北伐が進む中、山東省にいる在留邦人保護という名目で山東省に出兵することを決定する。

太田――だったら俺も保護してくれよって、イラクで殺された香田さんが天国で言ってんだろうな。

田中——突然シビアなボケするなよ！　もちろんこの日本の判断の裏には満蒙の権益を守るという目的もあった。山東出兵は3回にわたって行われた。最初は2000人を派遣。さらに2200人を増派して青島や済南に進出したんだ。そして国民政府を大敗させ、その目的を果たす。これによって中国の反日運動は大きくなった。日本商品のボイコット、日貨排斥とつながっていく。

太田——吉野家に石投げたりしてな。

田中——それは今だろ！

太田——テレビカメラの前でソニーのラジカセをハンマーで叩き割ったりして。

田中——それは随分前のアメリカの状況だよ！

太田——やっぱり小泉さんの靖国参拝がまずかったのかな。

田中——その頃、小泉さんはまだ生まれてねえよ！

太田——しかし小泉さんも、そんなにお参りしたいんだったら、近所のお稲荷《いなり》さんですますわけにはいかないのかね。

田中——それじゃ何の意味もねえだろ！

太田――だいたい何をそんなに願い事してんだろうな。

田中――知らねえよ！

太田――どうせ「息子の孝太郎に主役の仕事がきますように」とかだろ。

田中――そんなわけねえだろ！

太田――しかし、こう考えると日本と中国の関係ってのは昔からあまり変わってないというのが虚《むな》しいよな。

田中――確かにね。

太田――一番良かったのが田中角栄さんの日中友好の頃だったかな。でもあの時も上野にパンダが来たっていうから見に行ったら、ランランもカンカンもダラ〜っとしてて、いかにもやる気なさそうだったもんな。やっぱり日本が嫌だったんだな。

田中――パンダはそんなこと考えてねえよ！　その後、国民政府は北伐を再開した。それに対し日本は第二次山東出兵をした。兵力は5000人。済南市を占領。この時起きたのが済南事件だ。これは日中両軍の局地戦で多くの犠牲者を出す。これでますます反日感情は高まっていった。済南事件のすぐ後、日本軍は第三師団を動員、山東省全域から華北各地に兵力を展開。国民革命軍の東北への波及を実力で阻止するとの声明を出した。そして1929年3月、済南事件解決文書の調印をしてようやく撤兵したんだ。蔣介石が対立していたのが、北方軍閥を掌握していた張作霖《ちょうさくりん》だ。彼は陸海軍大元帥だったが、山東出兵の最中に殺されてしまった。

太田――蔣介石は張作霖のことを「超ムカツク」って言ってたらしいな。

田中――くだらねえんだよ！　日本政府はこの張作霖を援護した。それにより張の力は増していったんだ。日本としては張作霖を傀儡《かいらい》として自らの支配下に置くことによって満州を自分のものにしようという考えがあったんだな。つまり後ろから操ろうとしていたわけだ。

太田――北尾CEOがフジテレビの味方するようなもんだな。

田中――全然違うよ！　しかし力をつけた張作霖は段々と日本の言うことを聞かなくなっていった。それで張の存在が日本にとっては邪魔になってきたんだ。ここで出てくるのが関東軍だ。

太田――埼玉とか、千葉出身の奴らばっかりの軍隊だよな。

田中――違うよ！　関東軍の関東とは中国の関東州のことだよ。そこにいた日本陸軍が関東軍だ。関東軍は張作霖を下野《げや》させ、満州を中国から独立させようとした。しかし日本政府は武力行使を承認しなかった。それで関東軍高級参謀の河本大作《こうもとだいさく》は秘密裏に張作霖暗殺計画を実行した。この辺から関東軍の暴走が始まる。河本は張作霖の乗った列車を奉天で爆破したんだ。これが張作霖爆殺事件だ。

太田――北尾CEOもそのうち日枝《ひえだ》会長の乗ってるゆりかもめを爆破しちゃったりしてな。

田中――ありえねえよ！　これはあくまでも関東軍の単独行動で、日本政府も天皇も知らなかった。だから関東軍はこの事件を必死に隠そうとした。事件の名前も、張作霖爆殺事件ではなく、あくまでも満州某重大事件とされたんだ。

太田――里谷多英の事件もフジテレビ内では、〝六本木某白人騎乗位事件〟って呼ばれてるからな。

田中――呼ばれてねえよ！　田中義一はその事実を後で知り、それを昭和天皇に報告した。報告を受けた天皇は激怒したという。満州某重大事件に日本が関与したことは、日本以外では公然たる事実だったが、あくまでも関東軍はこれを否定したんだ。

太田――植草教授が「やってない」って言い張ってるようなもんだな。

田中――そんなもんにたとえるな！

■辛亥革命

❸1912.2
宣統帝退位、清滅亡
3月に袁世凱が臨時大総統に就任
外蒙古
張作霖
奉天
朝鮮
内蒙古
北京
袁世凱
関東州
南京
漢陽
漢口
安慶
成都
武昌
重慶
醴陵《れいりょう》
萍郷《ひょうきょう》
❷1912.1
中華民国成立
孫文が臨時大総統に就任
❶1911.10.10
辛亥革命始まる
潮州
広州
恵州
台湾
欽州
廉州
フランス領
インドシナ連邦
革命発生の省
清朝側の省
革命に応じた省
人名
主な軍閥
主な革命反乱地

■日中関係年表 1915—28

内閣		日本	中国
大隈		1915.1 二十一箇条の要求	
原		21.5 広東国民政府成立（孫文大総統）	19.5 **五・四運動**（反帝国主義運動） 21.7 中国共産党結成
加藤（友）		22.2 九カ国条約 山東懸案解決条約	
清浦			24.1 第一次国共合作
加藤（高）			25.5 五・三〇事件（反帝国主義運動）
若槻（第一期）			26.7 第一次北伐開始
			27.4 上海クーデター（国共分離） 27.4 南京国民政府成立（蔣介石 国民革命軍総司令）
田中	田中外交	27.5 **第一次山東出兵** 27.6 東方会議開催 28.4 **第二次山東出兵** **済南事件** 28.5 **第三次山東出兵**	28.4 第二次北伐開始
浜口		28.6 **張作霖爆殺事件**（満州某重大事件）	28.6 北伐完了（国民党の中国統一成功、満州に青天白日旗が掲揚）

■関東州の支配機構の変遷

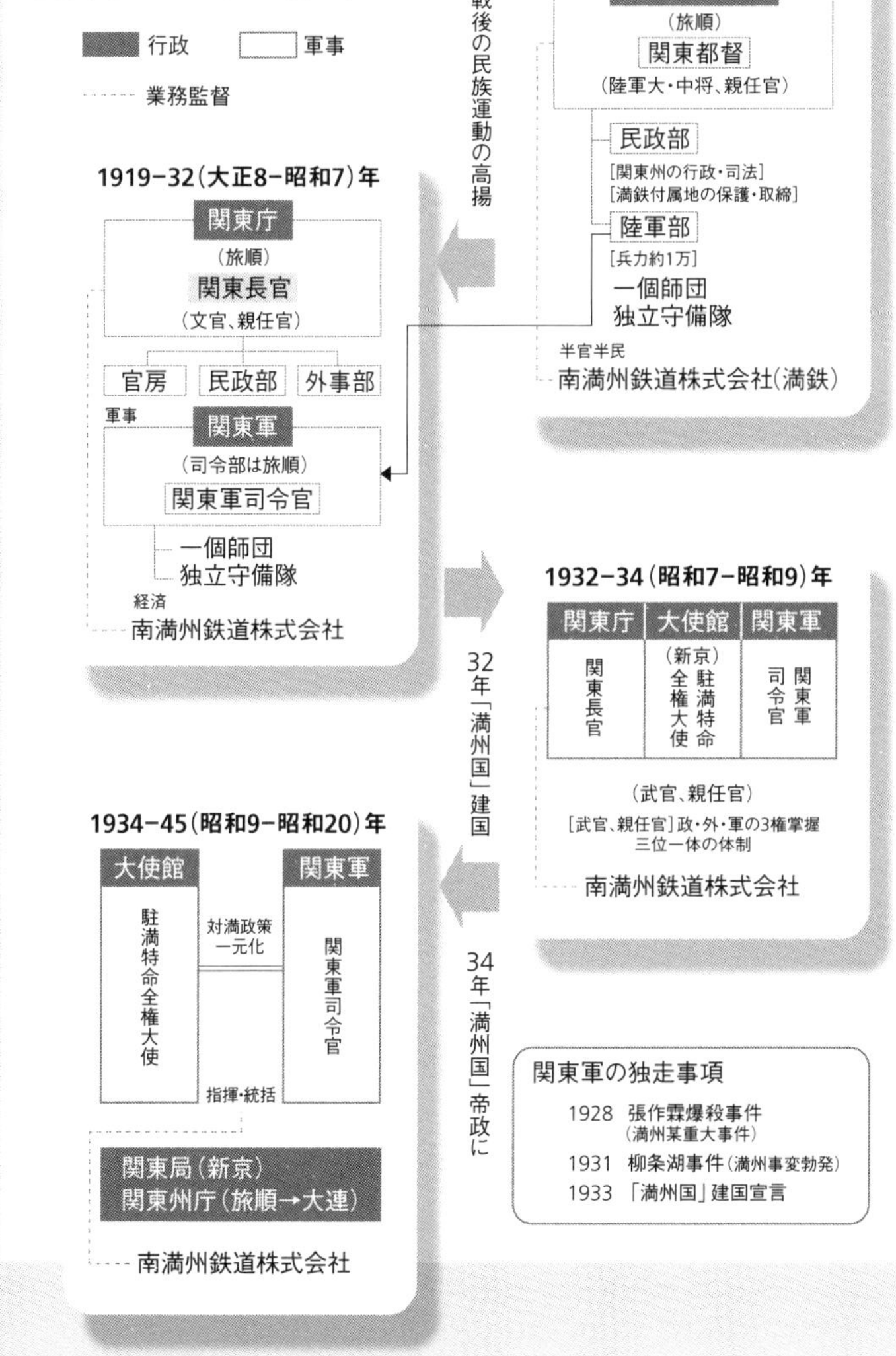
行政
軍事
業務監督
1906−19(明治39−大正8)年
関東都督府《かんとうととくふ》
(旅順)
関東都督
(陸軍大・中将、親任官)
民政部
[関東州の行政・司法]
[満鉄付属地の保護・取締]
陸軍部
[兵力約1万]
一個師団
独立守備隊
半官半民
南満州鉄道株式会社(満鉄)
19年大戦後の民族運動の高揚
1919−32(大正8−昭和7)年
関東庁
(旅順)
関東長官
(文官、親任官)
官房
民政部
外事部
軍事
関東軍
(司令部は旅順)
関東軍司令官
一個師団
独立守備隊
経済
南満州鉄道株式会社
32年「満州国」建国
1932−34(昭和7−昭和9)年
関東庁
大使館
関東軍
関東長官
(新京)
駐満特命全権大使
関東軍司令官
(武官、親任官)
[武官、親任官]政・外・軍の3権掌握
三位一体の体制
南満州鉄道株式会社
34年「満州国」帝政に
1934−45(昭和9−昭和20)年
大使館
関東軍
駐満特命全権大使
対満政策一元化
関東軍司令官
指揮・統括
関東局(新京)
関東州庁(旅順→大連)
南満州鉄道株式会社
関東軍の独走事項
1928 張作霖爆殺事件(満州某重大事件)
1931 柳条湖事件(満州事変勃発)
1933 「満州国」建国宣言

■張作霖暗殺

張作霖の乗った列車が爆破された現場（1929年撮影）。

■中国軍閥割拠図

1901年に袁世凱が設立した北洋軍は、辛亥革命、さらに袁世凱の死を経て、いくつもの軍閥へと分裂していき、中国本土は軍閥割拠状態となった。北中国を拠点とするこれらの北洋軍閥は、袁世凱の死後、大統領に就任した黎元洪、段祺瑞（安徽派）、馮国璋（直隷派）、張作霖（奉天派）、張勲（復辟派）などに分かれ、孫文の率いる南方派（革命派）と対立を続けていた。

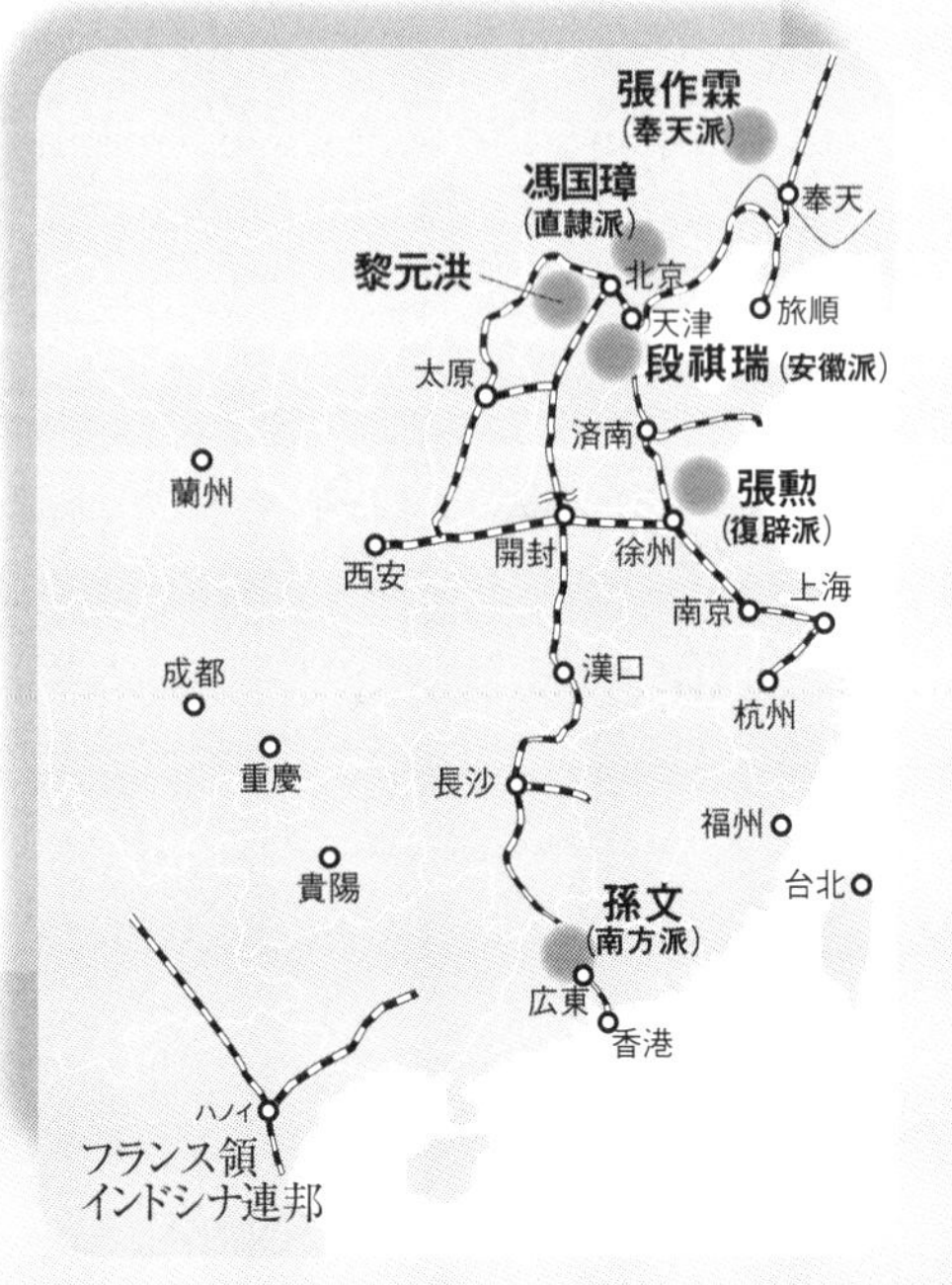

満州事変

【満州事変】

日本の中国東北部・内蒙古への武力侵略戦争。1931(昭和6)年9月18日、関東軍(満州に駐屯していた日本軍)は、石原莞爾の指揮の下、奉天(現在の瀋陽)郊外で鉄道を爆破し(柳条湖事件)、これを中国軍の仕業として強引に開戦。日本政府の不拡大方針を無視して占領地を拡大し、翌年には満州の主要地域を占領した。3月、満州国を樹立して支配下に置くも、国際連盟が派遣したリットン調査団が、日本の主張を否認する報告書を採択。33(昭和8)年、日本は国際連盟を脱退した。扉写真は、日本政府から贈られた大勲位菊花大綬章を胸に飾った満州国・溥儀皇帝。35(昭和10)年2月撮影。

■満州事変

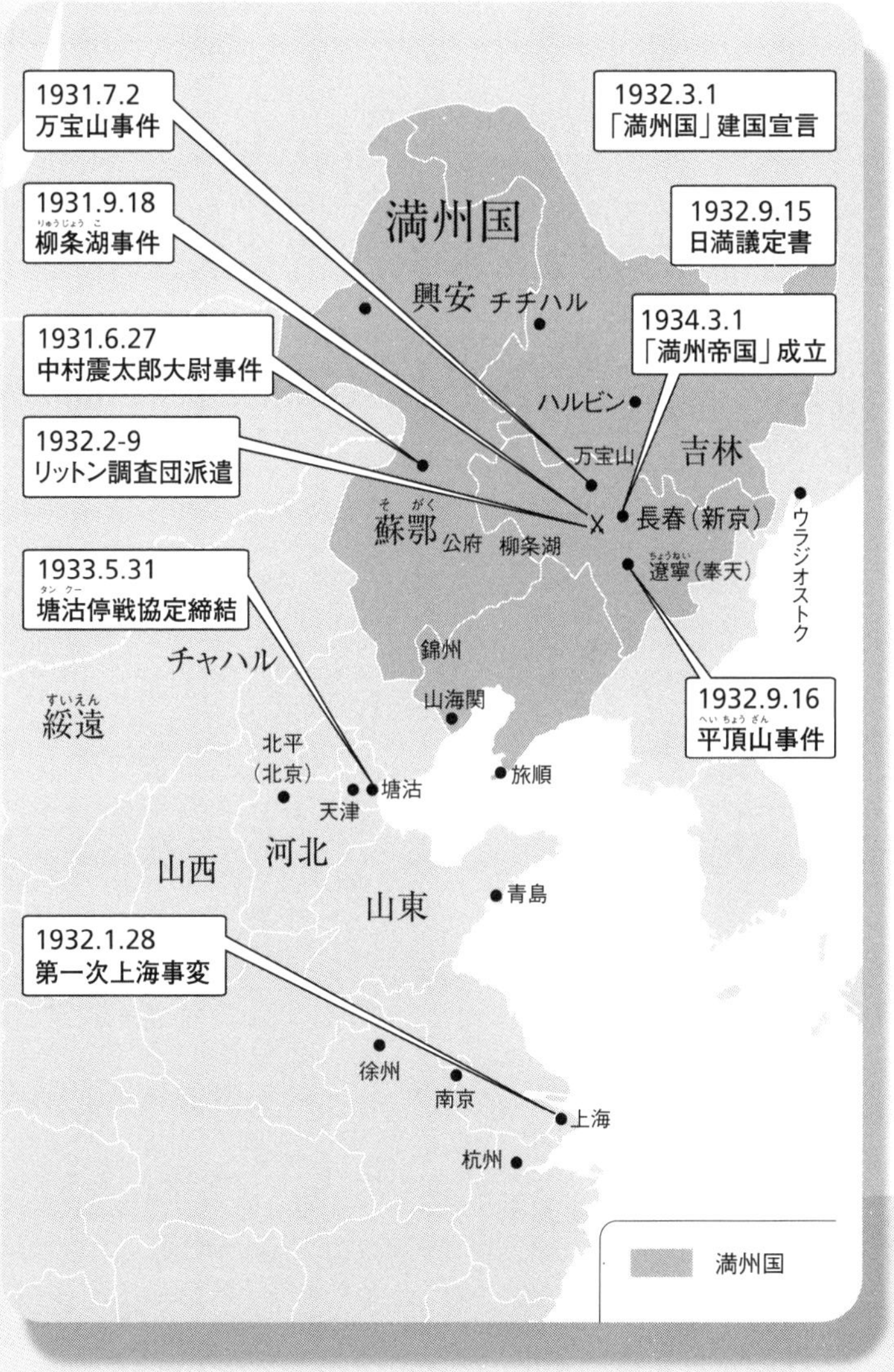
1931.7.2
万宝山事件
1931.9.18
柳条湖《りゅうじょうこ》事件
1931.6.27
中村震太郎大尉事件
1932.2-9
リットン調査団派遣
1933.5.31
塘沽《タンクー》停戦協定締結
1932.3.1
「満州国」建国宣言
1932.9.15
日満議定書
1934.3.1
「満州帝国」成立
1932.9.16
平頂山《へいちょうざん》事件
1932.1.28
第一次上海事変
満州国
興安
チチハル
ハルビン
吉林
万宝山
長春（新京）
蘇《そ》鄂《がく》
公府
柳条湖
遼寧《ちょうねい》（奉天）
ウラジオストク
錦州
チャハル
山海関
綏遠《すいえん》
北平
（北京）
塘沽
天津
旅順
河北
山西
山東
青島
徐州
南京
上海
杭州
満州国

田中――張作霖爆殺事件によって、日本軍に父親である張作霖を殺された張学良は、それまで仇敵《きゅうてき》であった蔣介石と提携して反日に転じたんだ。

太田――そりゃ父親を殺されたら、いつまでも日本と仲良くしてるわけにはいかないよな。

田中――まあね。

太田――でもいくら事情が事情だとはいえ、それまで敵だった蔣介石と手を組まなければならないというのは、なかなか複雑な心境だったろうな。

田中――そうかもしれないね。

太田――本当は敵なのに、握手しなければならない辛《つら》さはよくわかる、ってフジテレビの日枝会長も言ってたよ。

田中――言ってねえよ！

太田――あの握手の時ニコニコしてたのホリエモンだけだったもんな。

田中――うるせえよ！　張学良はなんとか日本軍に対抗しようとした。それで、南満州鉄道と並行する鉄道を建設。これで日本軍の南満州鉄道を追い抜きなんとか自分たちの有利に持って行こうとしたんだ。

太田——その時の合い言葉が〝電車でGO！〟だったらしいね。

田中——くだらねえんだよ！　このため満鉄は経営危機に陥る。また、蔣介石も日本人の土地と鉱業権の取得を厳しく制限したために邦人企業は不振に陥ったんだ。しかも日本国内では昭和恐慌が起きて、不景気は深刻になっていた。そんな中で日本人は自分たちの危機を乗り越えるには、なんとか満州の権益を拡大し、満蒙を自分たちのものにするしかないと考えるようになっていったんだ。そんな時に登場したのが、石原莞爾《かんじ》だ。石原は〝世界最終戦論〟を叫んだ。これによると、第一次世界大戦の後、もう一度世界で最終戦争が起こる。それは日米の戦争である。そのために日本は軍備を整えておく必要があり、それには満州が生命線となる。だから満州を日本が手に入れることが必要であるという考えだったんだ。石原のその予言は当たっていた。

太田——確かに日米の戦争になったもんな。

田中——石原は非常に鋭く世界の動きを読んでいたと言えるね。

太田——中村獅童《しどう》と竹内結子《ゆうこ》の結婚も予言してたらしいからな。

田中——そんなわけねえだろ！

太田——しかしあれも凄いよな。女優相手にセックスするのに、避妊しないっていうのはどういう勇気なんだろうね。

田中――うるせえよ！　関係ねえだろそんな話は！　石原は関東軍高級参謀の板垣征四郎とはかって、満州事変の準備をする。石原の書いた〝満蒙問題私見〟では、謀略によって満州領有計画を実行に移すことまで決定してたんだ。そして１９３１年、９月。柳条湖事件が起きるんだ。これは奉天独立守備隊第二大隊の河本末守中尉がかねてからの計画通り、部下数名を率いて奉天北部の柳条湖付近の南満州鉄道に爆薬を仕掛けて点火。河本は中隊長に「北大営の支那軍が鉄道を爆破」という偽りの伝令を出したんだ。つまり日本軍が中国兵がやったことに見せかけて、自分で自分の鉄道を爆破したんだ。これによって中国軍と戦闘を起こす大義名分を得たということだ。つまり自作自演だな。

太田――自作自演だから、南満州鉄道の職員は爆発しても驚かなかったらしいね。自分のところの鉄道が大変なことになってるのに平気でボウリング大会してたらしいから。

田中――それはＪＲ西日本の話だろうが！

太田――しかしあれもヒドイ話だよな。中には三次会までしてた奴がいたらしいからな。三次会って！　お前らどこまで遊びたいんだっていう話だぜ、大学生か！

田中――確かにあれもヒドイ話には違いないけど、今は関係ねえだろ！　日本軍はこの鉄道爆破を張学良軍の仕業《しわざ》として、張学良軍の宿営北大営と奉天城への攻撃を開始、翌日中に奉天、張春、営口などの満鉄沿線諸都市を占領。柳条湖事件からわずか5カ月で、満州の全域を手中に収めたんだ。さらに関東軍は満州国建国工作から国際世論の注意を逸らすために、上海事変というのを起こす。これは買収した中国人にわざと日本人僧侶を襲撃させて、上海でも日中両軍の衝突を起こすというもので、まんまとこの事件に世界の注目が集まっているうちに関東軍は満州国を建国する。関東軍はあの有名な清朝最後の皇帝、ラストエンペラーの溥儀《ふぎ》を天津から満州に連れ出し、旅順の大和ホテルに監禁する。

太田――大和ホテルって、なんだか埼玉の国道沿いにあるラブホテルみたいな名前だよな。

田中――なんだよそれ！

太田――布団に落としきれてない染みが薄く残ってたりして、セックスし終わった後にこの世の終わりみたいな気分になって、自分のしてしまったことを物凄く後悔して、もう二度とこの女と会いたくないと思わせるような場所。

田中――何なんだよその話は！　お前の経験談か！　溥儀は清朝皇帝ではなく、あくまでも満州国執政として扱われた。板垣参謀は早速溥儀に文書に調印させた。その内容は、国防・治安は日本に委託する、満州国参議に日本人を採用し、中央・地方の役所に日本人を任用し、推薦・解職は関東軍司令官の同意を必要とするというもので、要するに満州国は完全な日本の傀儡国家で、溥儀は名ばかりの皇帝だったということだね。

太田——爆笑問題のリーダーがお前みたいなもんだな。

田中——何だよそれ。

太田——名ばかり。

田中——うるせえよ！

太田——リーダーはお前だけど、お前をリーダーって決めたのは俺だからな。

田中——確かにそうだけどね。

太田——お前、ちまたじゃ、〝リトルエンペラー〟って言われてるそうだからな。

田中——言われてねえよ！　満州国建国の理念は、王道楽土、五族協和だった。

太田——五族協和、英語で言うと〝クールファイブ〟だな。

田中——全然違うよ！　五族っていうのは、満州にいる、漢人、満人、蒙古、朝鮮人、日本人をさすんだ。これらの民族は平等であると謳《うた》われたんだ。しかし実際蓋《ふた》を開けてみれば、民族の協和どころか、満州国は軍事・内政ともに完全に日本の支配に服し、中国本土から東北部を切り離しただけの植民地化であったことがわかる。

太田――つまり日本はその五族には入ってなかったんだな。日本は内山田洋《うちやまだひろし》だったんだ。

田中――言ってることが紛らわしくて、全く意味がわかんねえよ！　中国はこの満州事変を国際連盟に提訴する。それをうけて国際連盟は調査団を満州に派遣する。その団長が有名なリットン卿だ。

太田――あの紅茶の？

田中――それはリプトンだよ！　リットン調査団の報告書は、日本の軍事行動は正当防衛の手段とは認められないとして満州国を傀儡国家と断定し、中国東北部を国際連盟の管理下に置くことを提案した。決して謀略と決めつけたわけではないが、日本は一旦《いったん》満州国から引きあげるべきだという意見だった。

太田――その時の国際連盟は凄かったらしいな。みんなで日本に向かって布団叩きながら「引っ越せ！　引っ越せ！　今すぐ引っ越せ！」って怒鳴り散らしたって話だからな。

田中――騒音おばさんじゃねえんだよ！　日本はこれに従わず、満州国が不承認ならば国際連盟から脱退するという強硬な態度をとった。日本国民はリットン卿をスットンキヨウと揶揄《やゆ》してまともに報告書を受け止めなかった。しかし国際連盟はリットン報告書の採択と満州国不承認を可決。松岡洋右《ようすけ》首席全権はその場で国際連盟議場を退席、内田康哉《こうさい》外相によって日本の国際連盟脱退が正式に通告された。これで日本は世界から孤立することになったんだ。

太田――でも本当の脱退の理由は、週刊誌に交際の記事が掲載されて、リーダーとしての自覚が足りないと感じたからなんだよな。

田中――それはモー娘。の矢口真里の脱退の理由だろ！　いい加減にしろ！

■ブロック経済

1929年
世界恐慌
昭和恐慌
大不況
日本
欧米
ソーシャル・ダンピングと
日本批判
金輸出再禁止
円安で輸出増
景気回復
日本、経済ブロック化に
危機感
円ブロックを構想
中国への侵略
なかなか景気回復せず
輸出品に
高関税や
制限をかけられ
貿易額減少
対立
経済をブロック化
本国と属領・植民地間で排他的経済圏を作る
イギリス
スターリング・ブロック
（ポンド地域）
フランス
フラン・ブロック
（金地域）
アメリカ
ドル・ブロック
スターリング・ブロック
（ポンド地域）
ドイツ支配下の
為替管理地域
フラン・ブロック
（金地域）
ドル・ブロック
円ブロック

■日中関係年表 1930—34

内閣	外交	年月	事項
浜口	幣原外交	1930.5	日中関税協定
若槻（第二次）	幣原外交	31.7	万宝山事件
		31.9	柳条湖《りゅうじょうこ》事件
		31.11	中華ソビエト共和国臨時政府成立（毛沢東主席）
犬養		32.1	第一次上海事変
		32.2	リットン調査団来日
		32.3	「満州国」建国宣言
斎藤		32.9.15	日満議定書調印
		32.9.16	平頂山《へいちょうざん》事件
		33.3	国際連盟脱退
		33.5	塘沽《タンクー》停戦協定締結
		34.3	「満州国」帝政実地

●石原莞爾《かんじ》(1889〜1949)
板垣征四郎とともに満州事変を立案、実行した関東軍参謀。しかし1937年の日中戦争開始時には泥沼化することを予見して不拡大方針を唱え、東条英機ら陸軍中枢部と対立した。写真は1933(昭和8)年、歩兵第4連隊長の頃。

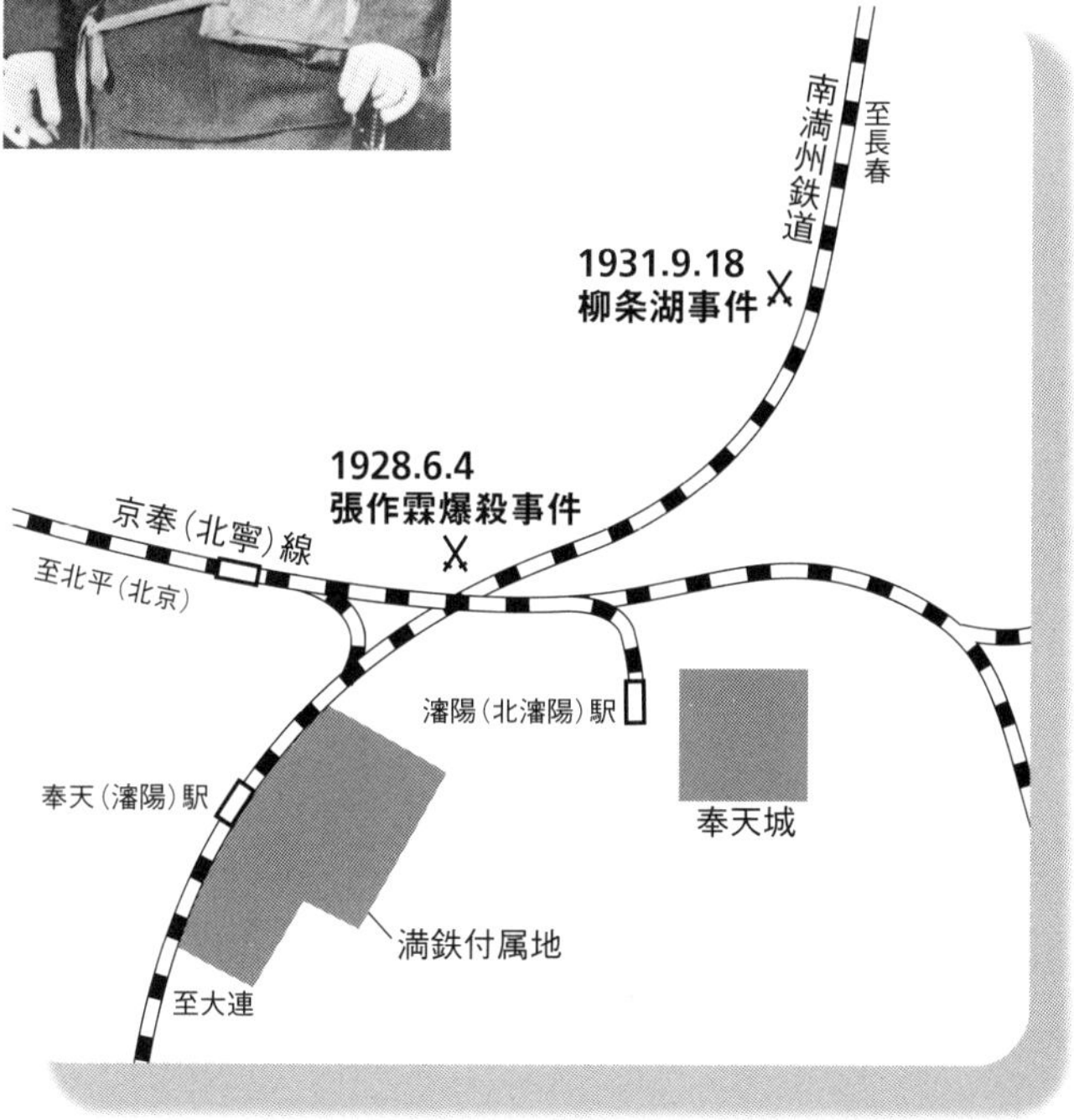

■柳条湖事件 1931年9月18日

■リットン調査団

北京でリットン調査団を出迎える張学良(右)(1932年4月9日撮影)。

● **リットン調査団の主な報告** 1932年10月2日

- 満州事変以降の日本の軍事行動は自衛とは言い難い
- 「満州国」は地元住民の自発的な意志によって成立したものではなく、その存在自体が日本軍に支えられている
- 満州において日本が持つ権益、居住権、商権は尊重されるべきである
- 中国の主権のもとで満州に自治政府を樹立するべきである

1937

盧溝橋事件（七・七事変）

【盧溝橋事件（七・七事変）】

１９３７（昭和12）年７月７日夜、北平（現在の北京）の盧溝橋の北で夜間演習をしていた日本軍中隊長が実弾射撃の音を聞き、兵１名が不明であったことから（後に帰隊）戦闘態勢に入り、翌夜明けに攻撃を開始。11日に停戦協定が成立するが、日本政府は中国側の計画的武力抗日行為だとして華北派兵を決定。これに対し、中国軍も部隊を華北に移動させた。一触即発の状況の中、28日に華北の日本軍が総攻撃を開始。日中全面戦争が始まった。扉写真は、日中戦争時、盧溝橋を渡る日本軍。37年５月撮影。

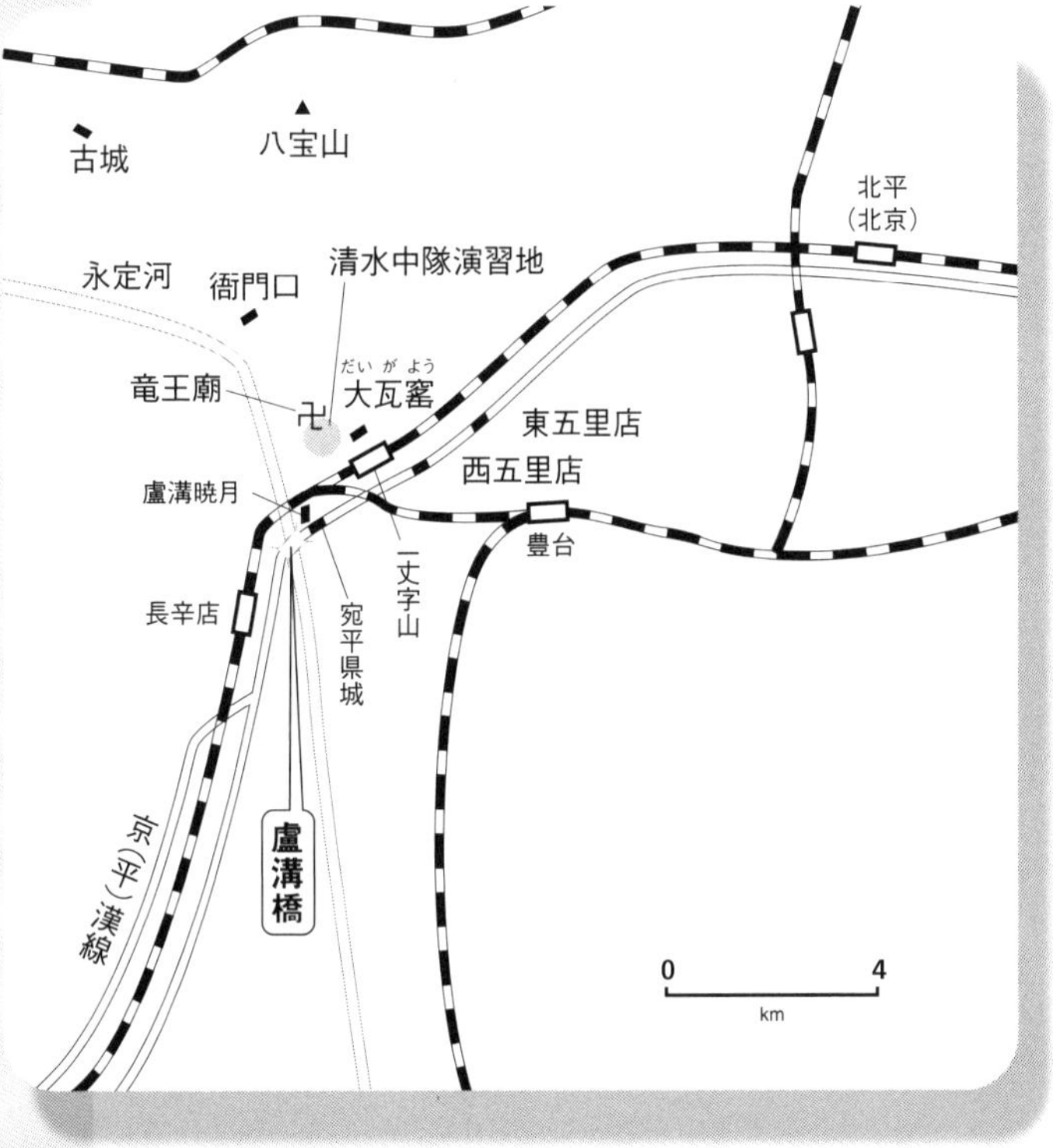

■盧溝橋事件 1937年7月7日

1937年7月7日夜、永定河東岸で演習中の歩兵第1連隊第3大隊第8中隊が数発の銃声を聞き、それを中国軍によるものとして陳謝を要求。その後、全面衝突へと発展した。現地では7月9日に停戦協定が成立していたが、日本国内では陸軍が華北への派兵を決定。それが中国側の反発を招き、日中の全面衝突へと発展した。

田中——国際連盟を脱退した日本は、もう誰に気兼ねすることもなく、満州国を支配し、さらに中国華北地方への侵略を狙っていったんだ。そこで出てきたのが華北分離工作だ。これは、華北5省を中国から分離し、これらを準満州国化することだった。

太田——華北5省というと、河北、山西、山東、チャハル、シャラポワの5省だな。

田中——なんだよ、シャラポワって！　そんな省ねえよ！　最後は綏遠《すいえん》だよ！　まあ、要するにこれは満州のように、この5省に傀儡政権を作って自分の領土として進出するということだね。

太田——なるほど、お前の今の阿佐ヶ谷の家も名義は一応お前になってるけど、実質的に土地を支配してるのは俺だからな。それと似たような考え方だね。

田中——いつ俺ん家《ち》をお前が支配したんだよ！　そんな話にはなってねえだろ！　これに対し、中国共産党は1935年に八・一宣言を発表。抗日救国のために内戦を中止し、統一戦線の結成を呼びかけたんだ。

太田——要するに今は内輪モメをしてる場合じゃないだろうということだな。

田中——そうだね。そのために張学良はクーデターを起こし、国民党の蔣介石を監禁した。

太田――犬の首輪でつないで「ご主人様」って呼ばせてたらしいな。

田中――小林容疑者じゃねえんだよ！　その後、共産党の周恩来の調停で、内戦中止と抗日統一戦線の結成を条件に蒋介石は解放され、国民党は共産党との連携に転換し、国共合作による抗日民族統一戦線へと発展する。つまり日本軍は中国民族全体を敵に回すことになったんだ。

太田――とにかく中国人は全員、日本人に怒ってたんだな。当時はゼンジー北京まで怒って、舞台に上がっても手品するのを拒否したって話だからな。

田中――そんな話はねえよ！　まだゼンジー北京師匠はいないし、そもそもあの人中国人ですらないし！　突っ込むところ一杯ありすぎで面倒くさいんだよ！　その頃、世界も変わりつつあった。ドイツではあのヒトラーがナチスドイツを率いて台頭していた。

太田――独裁者だな。必ず部下がヒトラーに会う時は最初に「ハイル、ヒトラー！」って叫ぶんだよな。

田中――そうそう。

太田――それで部屋から出て行く時は「出る、ヒトラー！」って。

田中――くだらねえんだよ！　日本は対ソ関係において利害を同じくするドイツと提携

し、日独防共協定を結ぶ。その後ドイツはヴェルサイユ体制を破棄、再軍備し、イタリアとファシズム国家の同盟関係が進展し、やがて、日独伊防共協定が結ばれる。それが後の日独伊三国同盟に発展するんだな。日本の姿勢は中国との全面対決へと傾いていった。しかしこの頃、石原莞爾は、対ソ戦を第一目的として英米との中立を維持し、中国との全面対決を避けるべきだとして対中軍事強硬策の変更を提起したんだ。

太田――この時、石原の考えを通していたら、その後の悲惨な戦争はなかったかもしれないよな。

田中――確かにね。

太田――今だって日本は中国ともめてるけど、これ以上の衝突はなるべく避けた方がいいよな。

田中――まあ、確かにね。

太田――その後のロシアとの戦闘に備えなきゃ。

田中――なんでロシアと戦争するつもりでいるんだよ、お前は！　そんな時代の空気の中で起きたのが盧溝橋《ろこうきょう》事件だ。１９３７年７月７日、夜、北京郊外の盧溝橋で起きた日中両軍の小さな衝突が日中戦争の発端となったんだ。

太田――俺も大学生の時、上板橋事件ってのを起こしたことがあるよ。
田中――何だよ、上板橋事件って。
太田――その日、上板橋にある大学の友達の家に泊まることになって、駅前の電話ボックスから実家に今日は帰らないって電話したんだけど、急にお腹が痛くなって、電話しながらウンコ漏らしちゃったんだ。この事件がその後、大学中に広まって、有名な上板橋事件と呼ばれるようになったんだ。
田中――どうでもいいよ、そんな話は！　盧溝橋事件は数発の謎の銃声から始まった。その日、歩兵第一連隊第三大隊の第八中隊が盧溝橋近くで夜間演習を行っていた。近くには中国軍が駐屯していた。その時に数発の銃声が響いたんだ。点呼をとると日本兵が1名いなかった。日本軍は銃声を中国軍の不法射撃とみて陳謝を要求し、その後中国を攻撃した。この時12人の戦死者が出た。結局いなくなった日本兵は行軍中に迷っていただけで、後に帰隊しているんだ。最終的にはこの銃声が何だったのか、どちらが撃ったのかは謎のまま今でも不明なんだ。日本軍の空砲、ラッパ音に対する反射的な射撃だったのか。
太田――銃声自体が、江戸家猫八師匠の芸だったって話もあるよな。

田中——そんな話はねえよ！　とにかくこの小さな衝突がきっかけで、日本はその後泥沼化する日中戦争に突入するんだ。当時日本には、戦闘不拡大を主張する参謀本部第一部長・石原莞爾と、この機会に中国軍に一撃を加え、一挙に華北分治を実現しようとする東条英機関東軍参謀長がいて、この二人が不仲で対立していたんだ。

太田——とにかく仲悪かったらしいな。家政婦の証言によると、おカミさんを間に立てないと話さなかったり、年寄株はどこに行ったかわからないし、片方は変な髪型しだすしで……。

田中——それ、若貴兄弟の話じゃねえかよ！

太田——東条なんか石原のことを〝石原莞爾氏〟って呼んだりしてんだよな。

田中——別にいいよ、呼んでも！　兄弟でもなんでもないんだから！　この対立は東条の主張が勝って、陸軍は在留日本人の保護という名目で、華北への派兵を決定、近衛《このえ》文《ふみ》麿《まろ》内閣はこれを承認した。実際には現地では停戦協定が成立して中国軍の謝罪と撤退、日本軍の盧溝橋からの撤退が決定していたにもかかわらずだ。とにかく日本は中国との戦争に持ち込みたかったってことだね。これで日中戦争は全面戦争に発展するんだけど、近衛内閣は英米との対立を恐れて、宣戦布告はせず、これを戦争ではなく、北支事変と命名する。事変とは戦争まではいかない、小さな争いのレベルの戦闘のことだ。
太田――松田聖子とSAYAKAの喧嘩みたいなものだな。
田中――どんな派手な喧嘩してんだよ、あの親子は！　その後日本は南京への爆撃を開始、この事変の拡大によって〝支那事変〟と改称する。この時南京で起きたのが、南京事件。いわゆる南京大虐殺と呼ばれる事件だ。日本軍が中国軍の捕虜、敗残兵および、一般市民に対して行った虐殺事件だが、被虐殺者の数については、中国政府の発表が43万人。日本国内では十数万から20万人前後とする説、4〜5万人とする説、1万人前後とする説、事件そのものの虚構説など、諸説ある。
太田――チェコのバンドのピアノ奏者だって説もあるんだよな。
田中――それはピアノマンの話だろ！　全然関係ねえよ！　中国は国際連盟に提訴、日本の侵略行動を非難するが、日本は既に国際連盟を脱退している。日本は中国政府に対して華北、内蒙古、華中に非武装地帯の設定と日本軍の駐兵、華北や上海の特殊政治機構成立、さらには損害賠償を要求する。しかし、この和平工作が実らないと知った近衛内閣は、「国民政府を対手《あいて》とせず」という声明を出した。これは日本は当時の中国政府を政府として認めず完全に無視し、交渉も何も行わないという、蔣介石政権を見下した態度だね。

太田——お前は呉儀副首相か！　って言われたんだよな。

田中——言われてねえよ！　その後日本は中国南部へと戦線を拡大、近衛は〃東亜新秩序建設〃声明を発表。戦争は泥沼化し、その後近衛は国家総動員法を提出。これは戦争のために国民は持っている権利を全面的に政府に譲り渡すというものだ。これによって日本は、まさに一丸となって戦争に突入していく体制が出来上がったんだ。

太田——この頃、ドクター・中松が〃がんばれ日本！〃という言葉を商標登録したんだよな。

田中——してねえよ！　いい加減にしろ！

■日中戦争までの流れ

1937年7月7日　偶発的な日・中軍事衝突

||

盧溝橋事件

近衛内閣、兵の増派を決定 VS 蔣介石、徹底抗戦を宣言

8月13日　上海で日・中両軍大衝突

||

第二次上海事変

9月23日　第二次国共合作成立

12月13日　日本軍、南京を占領

1938年1月16日　近衛内閣「第一次近衛声明」発表

↓

国民政府との断交宣言

5月9日　日本軍、徐州占領

10月21日　日本軍、広東占領

10月27日　日本軍、武漢三鎮を占領

11月3日　「第二次近衛声明」

↓

東亜新秩序建設

1940年12月22日　「第三次近衛声明」

↓

善隣友好・共同防共・経済提携の近衛三原則

3月30日　汪兆銘《おうちょうめい》をリーダーに南京政府成立

||

日本の傀儡政権

■抗日民族統一戦線の形成 1929—36

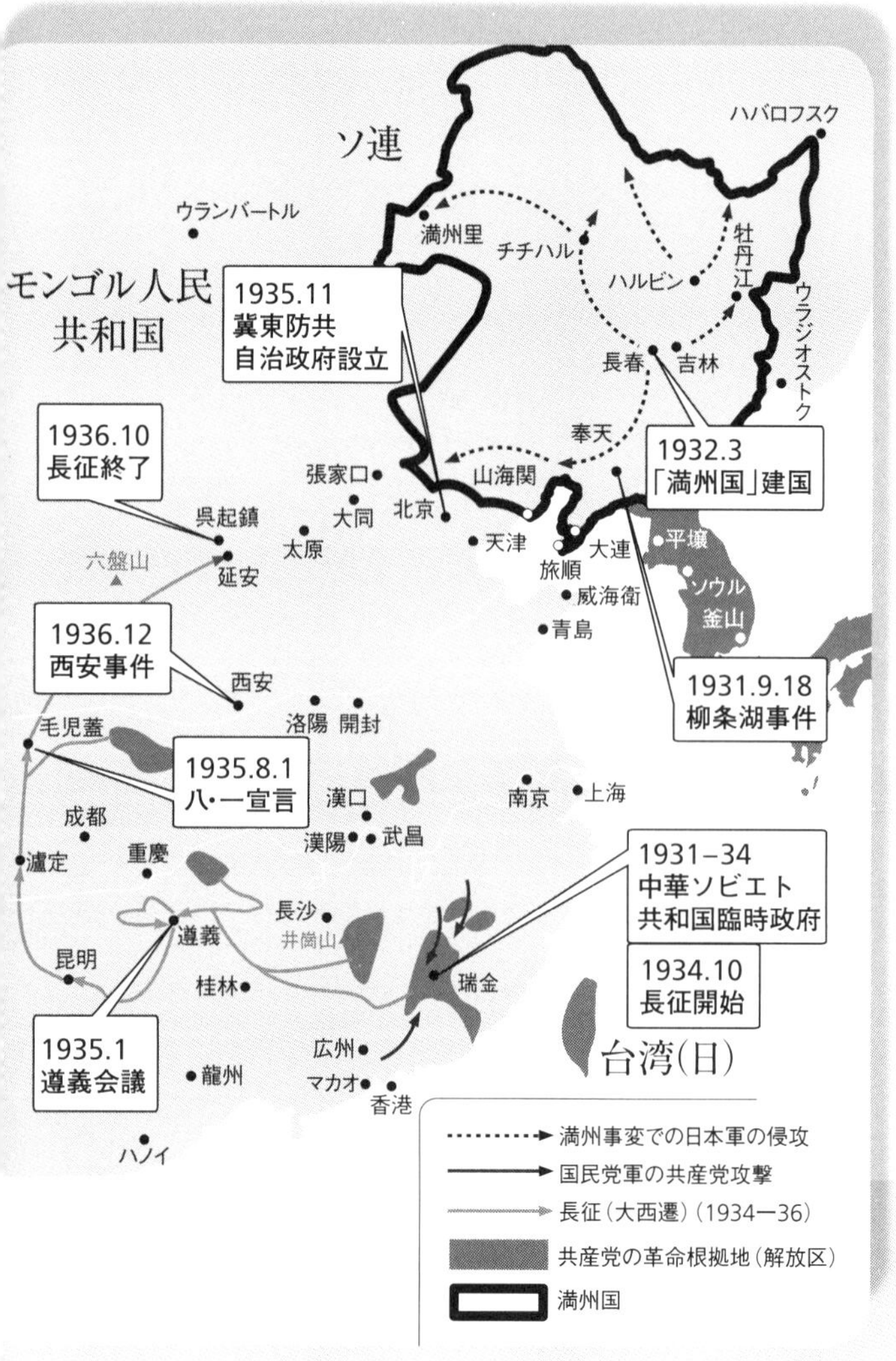

ソ連
モンゴル人民共和国
ウランバートル
ハバロフスク
満州里
チチハル
ハルビン
牡丹江
ウラジオストク
長春
吉林
奉天
山海関
張家口
大同
北京
天津
大連
旅順
威海衛
青島
平壌
ソウル
釜山
呉起鎮
延安
六盤山
太原
西安
洛陽
開封
毛児蓋
成都
瀘定
重慶
遵義
昆明
桂林
龍州
ハノイ
漢口
漢陽
武昌
長沙
井崗山
南京
上海
瑞金
広州
マカオ
香港
台湾(日)
1935.11
冀東防共
自治政府設立
1936.10
長征終了
1932.3
「満州国」建国
1936.12
西安事件
1931.9.18
柳条湖事件
1935.8.1
八・一宣言
1931–34
中華ソビエト
共和国臨時政府
1934.10
長征開始
1935.1
遵義会議
満州事変での日本軍の侵攻
国民党軍の共産党攻撃
長征(大西遷)(1934—36)
共産党の革命根拠地(解放区)
満州国

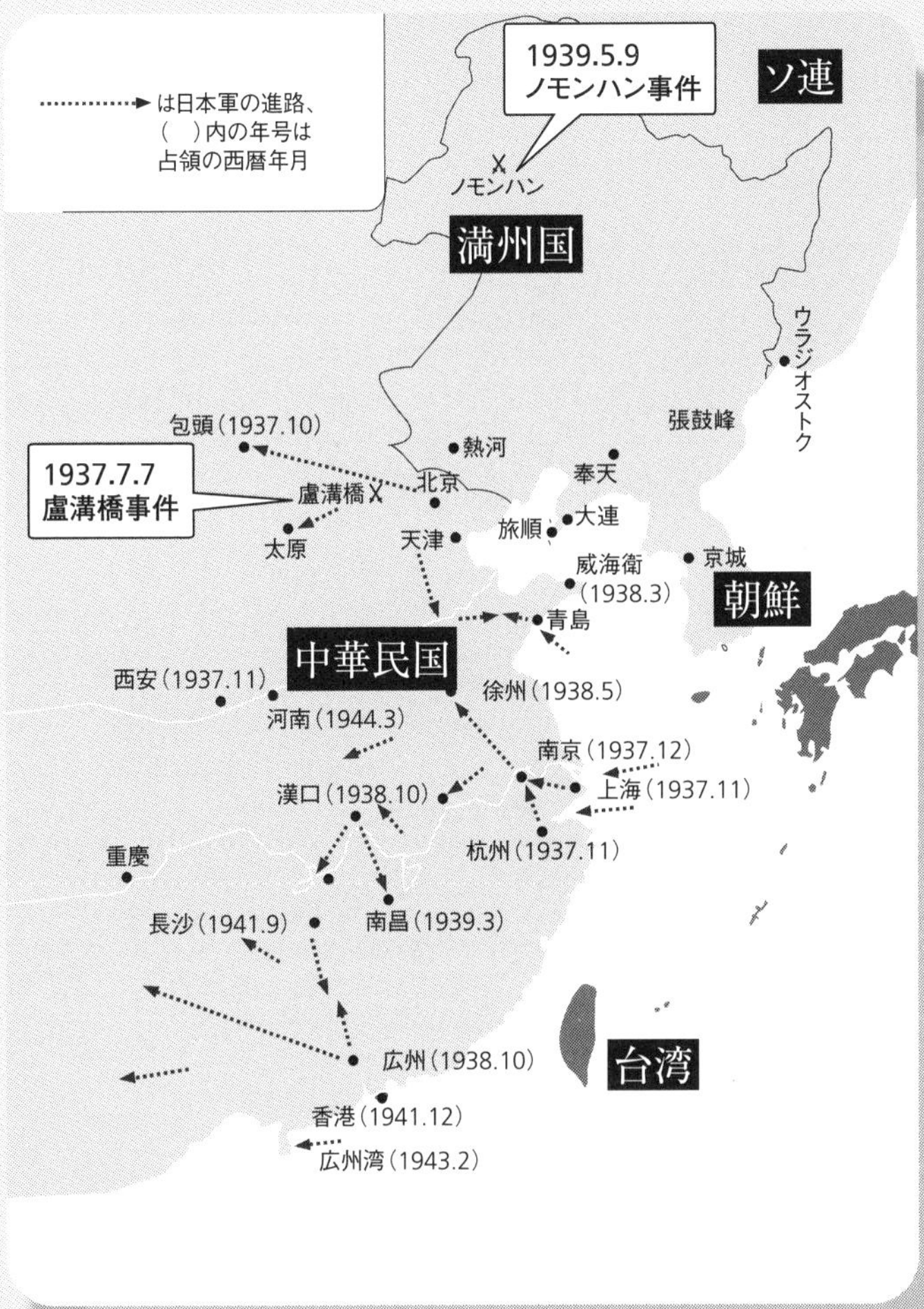
は日本軍の進路、
(　)内の年号は
占領の西暦年月
1939.5.9
ノモンハン事件
ソ連
ノモンハン
満州国
ウラジオストク
張鼓峰
包頭(1937.10)
熱河
1937.7.7
盧溝橋事件
盧溝橋
北京
奉天
大連
旅順
太原
天津
京城
威海衛
(1938.3)
朝鮮
青島
中華民国
西安(1937.11)
徐州(1938.5)
河南(1944.3)
南京(1937.12)
上海(1937.11)
漢口(1938.10)
杭州(1937.11)
重慶
長沙(1941.9)
南昌(1939.3)
台湾
広州(1938.10)
香港(1941.12)
広州湾(1943.2)

■日中戦争展開図

■第一次近衛内閣

1937(昭和12)年6月に発足した第一次近衛内閣の閣僚たち。
前列右から3人目が近衛文麿首相。

●近衛声明と東亜新秩序

1938年1月16日「第一次近衛声明」
「国民政府(蔣介石政権)を対手とせず」との声明
1938年11月3日「第二次近衛声明」
「東亜新秩序建設」を声明
1940年12月22日「第三次近衛声明」
善隣友好・共同防共・経済提携の近衛三原則
東亜新秩序とは、日本・満州・中国の3国が協力して、国際正義の確立、共同防共、経済統合などを実現するための新秩序を建設することが日本の国としての方針であるという初めての公式宣言。それまで日本外交の主軸だった英米協調路線を放棄し、アジア主義を国策化したもので、その後、大東亜共栄圏構想へと受け継がれていった。

日独伊三国同盟

1940–1945

【日独伊三国同盟】

1940（昭和15）年9月に、日本・ドイツ・イタリアの間で結ばれた軍事同盟。日独伊三国軍事同盟ともいう。37（昭和12）年に締結された日独伊防共協定を引き継ぎ、アジアおよびヨーロッパにおける三国の指導的地位の確認、相互軍事援助が取り決められた。この同盟によって日本の対英米関係は悪化。太平洋戦争は不可避となったとされる。後に、ハンガリー、ルーマニア、スロバキア、ブルガリアも加盟するが、第二次世界大戦での日独伊三国の敗戦により解消された。扉写真は、日独伊三国同盟の締結記念大会。42（昭和17）年9月撮影。

ソ連
モンゴル
人民共和国
満州国
柳条湖事件
新京
奉天
盧溝橋事件
北京
朝鮮
青島
中華民国
南京
上海
日本
硫黄島
南鳥島
ウェーク島(米)
台湾
香港
マニラ
フィリピン
マリアナ諸島
グアム島(米)
サイパン島
マーシャル諸島
ヤップ島
ヤルート島
パラオ
カロリン諸島
ポナペ島
トラック諸島
クサイエ島
ギルバート諸島(英)
大日本帝国の領土
第一次世界大戦後に領有した南洋群島
満州事変後に建国された満州国
親日傀儡政権のモンゴル自治政府(1939年成立)

■大日本帝国の領土

田中――盧溝橋事件によって始まった日中戦争は、かなり長期化、泥沼化していた。

太田――最終的には〝アグネス・林真理子論争〟に発展するまで解決しなかったからな。

田中――全く関係ねえよ！　しかも話題が古いし！　この日中戦争の膠着《こうちゃく》状況を打破するという意味合いもあって浮上してきたのが、それまでの日独伊防共協定を強化し、軍事同盟に格上げするという話だ。しかしドイツ、イタリアと軍事同盟を結ぶということは、英仏米との対立を深めることになる。これに関しては日本国内でも賛成、反対の意見が分かれた。

太田――一番賛成したのが、〝ヒデとロザンナ〟だったらしい。

田中――確かにイタリア人と日本人の夫婦だけど全く関係ねえよ！　その頃まだ生まれてもいないし。

太田――チェリッシュは大反対だったって。

田中――夫婦デュオってだけだろ、共通点は！　基本的には陸軍は、三国同盟に期待をかけていたが、海軍の山本五十六《いそろく》などは反対したんだ。

太田――しかし〝五十六〟ってのも凄い名前だよな。お母さんがメチャメチャ多産だったんだろうな。56番目の子供ってことだろ？

田中――そんなに産めるわけねえだろ！　犬じゃねえんだから！

太田――俺の親父は〝三郎〟って名前で3番目なんだけど、普通と違うのが、長男が〝五郎〟っていうんだ。つまり親は最初から5人産むつもりだったんだろうな。でも結局、俺の親父で終わっちゃったんだよ。

田中――どうでもいいよ、そんな話は！　そういう状況の中で起きるのが、ノモンハン事件だ。これは満州国とモンゴルの国境、ノモンハンで起きた日ソ両軍の大規模な武力衝突だ。元々日本は満蒙の国境をハルハ河とし、ソ連は北方ノモンハン付近としていたんだ。つまり国境の認識が日ソ両国で違っていた。

太田――そういうことって未だにあるよな。俺もつい最近まで、練馬までは埼玉だと思ってたからな。

田中――勘違いしすぎだよ！　それで、ノモンハン付近でハルハ河を越えた外蒙軍と満州国軍が衝突した。日本は外蒙軍を一時撃退したが、外蒙軍にソ連軍が加わり反撃。日本軍はソ連軍の優勢な火力と戦車の前に苦戦することになる。大本営と政府は日ソ戦争に拡大することを恐れ不拡大方針を決めるが、関東軍はこれを無視。さらに攻勢をかけるんだ。

太田――しかし関東軍ってのは、よく中央の指示を無視して暴走するよな。

田中――確かにね。この中央と最前線の思いが統一されてないということが、日本が日中戦争に突き進んでいった原因の一つになってるかもしれないね。

太田――あんまり信頼関係がなかったのかね。堀内監督と清原みたいなもんかな。

田中――そんなもんじゃねえだろ！

太田――まあ、関東軍としては勝てると思ったんだろうな。日露戦争でも勝ってるし、大したことないだろうと。でも戦ってみたら予想外に強かったから焦ったろうな。からくりボビーがK－1で勝った時ぐらいの衝撃があったろうな。

田中――たとえが間違ってるよ！　この後日本にとっては考えられないことが起きる。なんとこのノモンハン事件で日本がソ連と戦っている最中に、ドイツがソ連と独ソ不可侵条約を締結するんだ。日本の味方であったはずのドイツがソ連と不可侵条約を結ぶというのは、日本にとっては何が起きたのか、ドイツの真意をはかりかねた。それで当時の平沼内閣はこれに動揺。「欧州情勢複雑怪奇」との声明を出して総辞職するんだ。

太田――しかし、今から考えれば当時の日本だって、不拡大方針を決めておきながら、関東軍は暴走してソ連との戦闘を激化させているんだから、お前のやってることこそ複雑怪奇だって感じがするよな。

田中——確かにかなり混乱してるよね。で、日本がそうやって迷ってるうちに、ドイツがポーランドに侵攻、英仏が対独宣戦布告。とうとう第二次世界大戦が始まっちゃうんだ。とにかく当時のナチの勢いは凄かった。

太田——〝ナッチャコパック〟やってた頃だろ。そういえば最近見ないな、野沢ナチ。

田中——それを言うなら〝野沢那智〟だろ！　日本はソ連と戦ってる。その上ドイツは味方してくれないとなると、このまま戦争に参加することになっては大変と、後を継いだ阿部内閣は、ノモンハン事件を慌てて停戦。大戦への不介入と日中戦争の解決を宣言するが、アメリカは日米通商航海条約の破棄を通告してくるし、日本軍は華北から英仏駐屯軍を撤退させたりして、英仏米との対立は激化していて、英仏米と仲良くしたいのか、対立したいのかわからない状況だった。

太田——当時の日本はそれぞれ考えてることがバラバラだよな。まるで末期のチェッカーズみたいな状態だったんだろうな。

田中——だからいちいちたとえなくていいよ！　結局、阿部内閣はわずか4カ月半で退陣する。

太田――お前は宇野首相か！　って言われたらしいな。
田中――まだいねえよ！　宇野首相なんか。
太田――しかし宇野首相ってのも凄かったよな、指3本、赤坂の芸者に突っ込んだという。
田中――突っ込んだんじゃねえよ！　握らせたんだよ！　で、次の米内《よない》内閣は、日米対立の緩和を目指した。しかしそんなおり、ドイツが西部戦線で圧勝するんだ。
太田――堤オーナーが大喜びしたという。
田中――その西武とは何の関係もねえよ！　フランスがドイツに降伏する。これで再び日独伊三国同盟推進派の軍部革新派が台頭してくる。今のドイツの勢いに乗じて、ドイツと組めば戦争に勝てるんじゃないかというムードになっていったんだな。
太田――そういう時が一番危ないんだよな。俺もそう思ってお前と組んで大失敗したからな。
田中――うるせえよ！
太田――同じ田中なら、アンガールズの田中と組んどきゃ良かったよ。
田中――うるせえ！　そこで浮上するのが南進論というやつだ。この南進論というのは、フランス領インドシナ、オランダ領東インドなど、東南アジアへの侵略のことなんだ。イギリス領ビルマ、フランス領インドシナ、中国雲南を通って四川省重慶に流れる英米の蔣介石支援ルートを遮断するということと、南方の資源確保が目的だった。つまりドイツの勝利、オランダ、フランス降伏の隙に乗じて、この機会に一気に東南アジアを侵略してしまおうという、火事場泥棒的な発想だったんだ。軍部はこれを絶好の機会とみて、「バスに乗り遅れるな」と南進論の旗を振った。

太田――〝バス〟っていうたとえがセコイよな。

田中――しょうがねえじゃねえかよ！ その当時なんだから！

太田――だって、バスに乗ったって大したところ、行けないぜ。せいぜい行って吉祥寺あたりだろ。

田中――どの路線の話なんだかわかんねえよ！ そして、第二次近衛内閣が成立。東亜新秩序、南進論が国策の基本になり、インドシナ（ヴェトナム、カンボジア、ラオス）への武力南進が始まる。アメリカはこの日本の南進行為に対して、石油・屑鉄の輸出制限、航空機ガソリンの対日禁輸を実施する。

太田――そういえば、最近見ないな、くず哲也。

田中――関係ねえよ！　野沢那智の時と同じボケじゃねえかよ！　禁輸は日本にとって大打撃となった。それでますます南方への武力行使へと進まざるをえなくなったため、いよいよ日独伊枢軸の強化が合意され、１９４０年9月27日、日独伊三国同盟が結ばれる。この体制によってアメリカとの全面的な対立の構造が出来上がったんだな。
太田――今で言うと、貴乃花に対する、花田勝さんと、憲子夫人と、先代の二子山親方との結束みたいなものだな。
田中――全然違うよ！

■太平洋戦争前の国際情勢

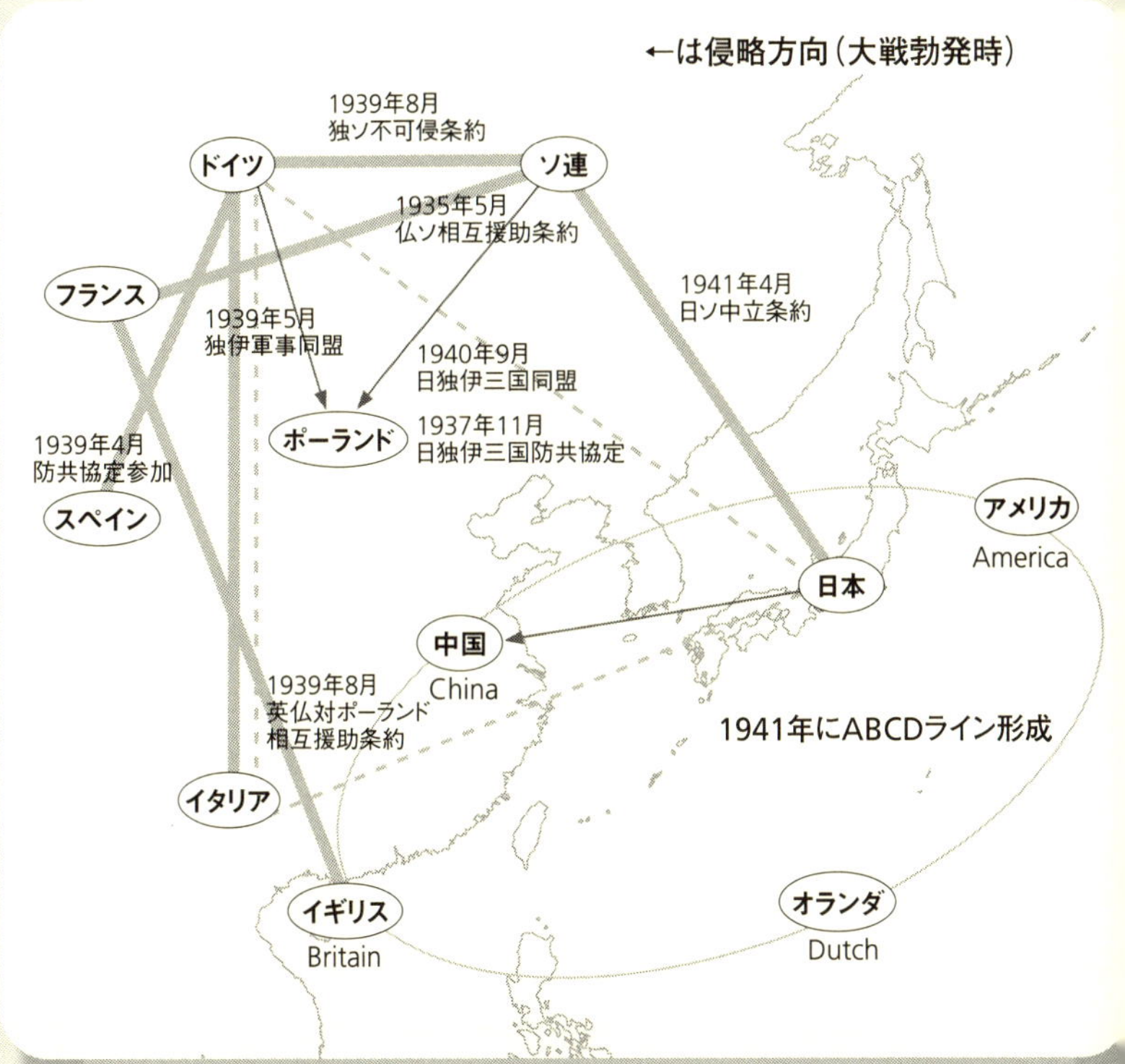

←は侵略方向（大戦勃発時）
1939年8月
独ソ不可侵条約
ドイツ
ソ連
1935年5月
仏ソ相互援助条約
フランス
1941年4月
日ソ中立条約
1939年5月
独伊軍事同盟
1940年9月
日独伊三国同盟
ポーランド
1937年11月
日独伊三国防共協定
1939年4月
防共協定参加
スペイン
アメリカ
America
日本
中国
China
1939年8月
英仏対ポーランド
相互援助条約
1941年にABCDライン形成
イタリア
イギリス
Britain
オランダ
Dutch

■ノモンハン事件 1939年5月11日―9月15日

5.11　国境で外豪軍と満州国が衝突
7.2〜5　日本軍大攻勢
8.20　ソ連・モンゴル軍反撃
第23師団壊滅
8.23　独ソ不可侵条約締結
8.31　日本、国境外に駆逐される
9.3　大本営、作戦中止命令
9.15　日ソ停戦協定締結

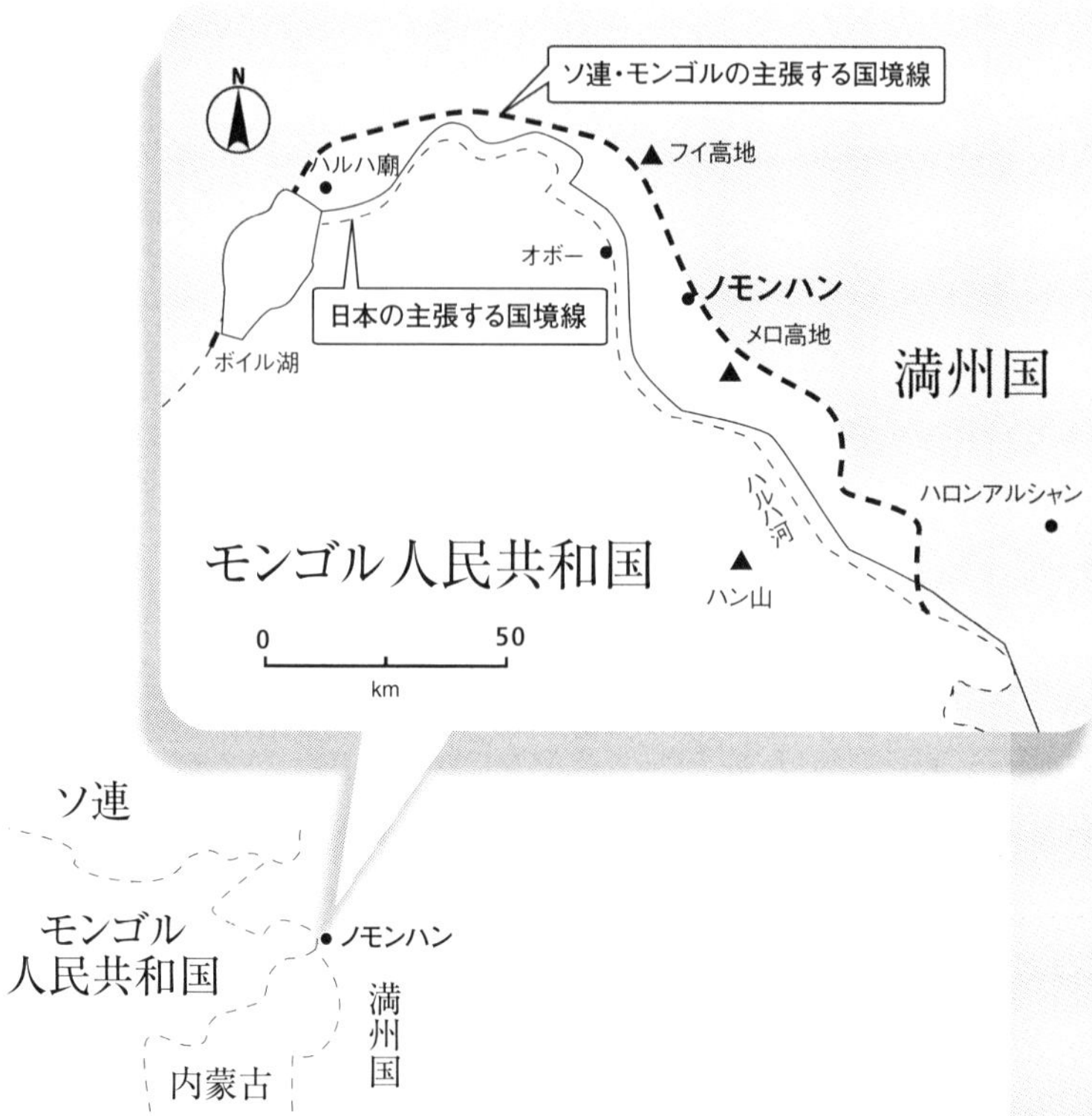

太平洋戦争・前編

1941～1945

【太平洋戦争・前編】

1941(昭和16)年から45(昭和20)年にかけて日本と連合国との間で行われた戦争。第二次世界大戦の局地戦といえる。40(昭和15)年10月、近衛内閣による大政翼賛会発足。ファシズム体制を築いていく一方、41年4月、日米交渉開始。同年9月、日本は対米交渉がまとまらない場合の対米英開戦を決定。国内では、日米交渉継続を希望する近衛首相と、交渉打ち切り・開戦を主張する東条英機陸相とが衝突。近衛内閣は総辞職し、東条内閣が成立する。その後も交渉は続くが、12月8日、日本はハワイの真珠湾を奇襲攻撃するとともに、米英に宣戦布告した。扉写真は、日米開戦一カ月後に、日比谷公園で行われた国民合唱大会(42年1月8日撮影)。

■真珠湾攻撃 1941年12月8日

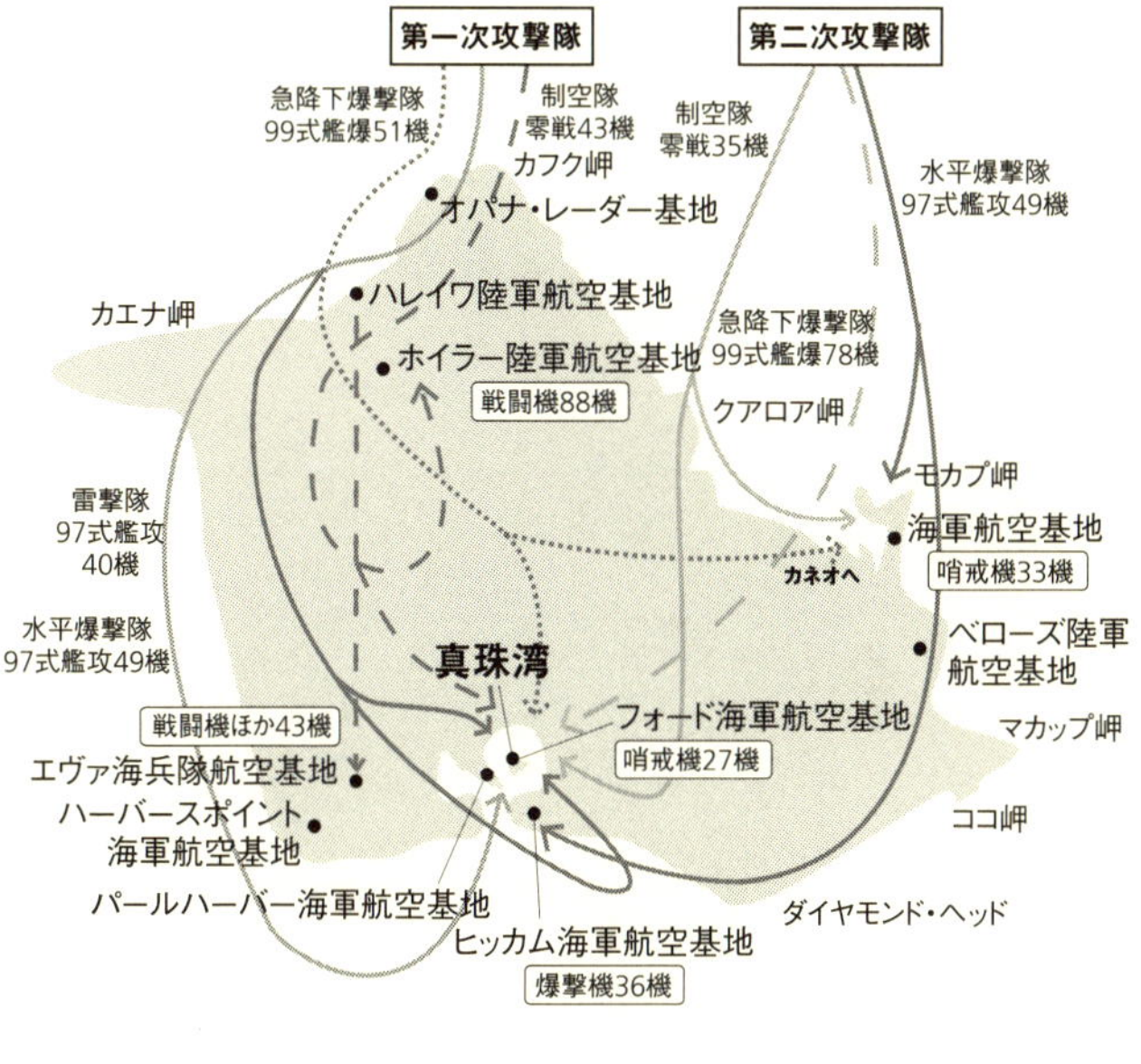
第一次攻撃隊
第二次攻撃隊
急降下爆撃隊
99式艦爆51機
制空隊
零戦43機
制空隊
零戦35機
カフク岬
水平爆撃隊
97式艦攻49機
オパナ・レーダー基地
ハレイワ陸軍航空基地
カエナ岬
急降下爆撃隊
99式艦爆78機
ホイラー陸軍航空基地
戦闘機88機
クアロア岬
モカプ岬
雷撃隊
97式艦攻
40機
海軍航空基地
カネオヘ
哨戒機33機
水平爆撃隊
97式艦攻49機
ベローズ陸軍
航空基地
真珠湾
戦闘機ほか43機
フォード海軍航空基地
マカップ岬
哨戒機27機
エヴァ海兵隊航空基地
ハーバースポイント
海軍航空基地
ココ岬
パールハーバー海軍航空基地
ダイヤモンド・ヘッド
ヒッカム海軍航空基地
爆撃機36機

田中――いよいよ太平洋戦争突入だ。

太田――待ってました！

田中――リアクションおかしいだろ！　喜んでどうすんだよ！　日独伊三国同盟締結当時、ドイツは既にオランダ、フランスを占領し、破竹の勢いがあった。日本軍部の中にはこのドイツにならおうという空気が強くなっていったんだ。

太田――それで皆ヒトラーの真似してチョビ髭《ひげ》生やしだしたんだよな。

田中――そんな見ならい方じゃねえよ！

太田――でも実際、東条英機なんかチョビ髭生やしてるじゃねえか。あれはヒトラーに憧れてんだろ？

田中――別にそういうワケじゃねえよ！

太田――じゃ誰の真似なんだよ。ＴＩＭのゴルゴか。

田中――そんなわけねえだろ！　別に誰かの真似してるわけじゃねえんだよ！　とにかく日本はドイツにならって、強力な一国一党制の実現に意欲を燃やしたんだ。これが近衛文麿の近衛新党構想だ。

太田――近衛文麿って、綾小路《あやのこうじ》きみまろの師匠だよな。

田中——違うよ！　当時の日本の首相だよ！　既成政党の側からもこの近衛新党構想に対応して一国一党制を主張し、聖戦貫徹議員連盟が結成される。

太田——〝日本のアルカイダ〟って言われた組織だな。

田中——言われてねえよ！　その頃まだアルカイダなんかないんだから。既成政党は相次いで解党し、また、石原莞爾グループなどによる下からのファッショ推進運動もあり、日本中がファシズムの方向へ進み出したんだ。

太田——その頃の『ドレミの歌』は「ファはファッショのファ」って歌詞だったんだよな。

田中——くだらねえんだよ、いちいち言ってることが！　〝八紘一宇《はっこういちう》〟という言葉がスローガンとなった。これはアジア全土を日本が中心となってまとめるという思想だ。

太田——当時は中国のこと、埼玉って呼んでたらしいな。

田中——呼んでねえよ！　１９４０年、近衛は、大政翼賛会を発足させる。これは反対を許さないという体制で、実質、ファシズムが体制的に成立したことになる。

太田——うちのお袋は昔〝三水会〟ってのを作ってたけどな。

田中——何だよそれ？

太田――毎月第三水曜日に集まってお茶を飲んでお喋《しゃべ》りをする会。

田中――どうでもいいよそんな話は！　大政翼賛会とは全然関係ねえだろ！　しかし近衛は国内で、こうしたファシズム体制を作っていく一方で、強硬的な軍部とは裏腹に、対米戦争だけは是が非でも避けようと思っていたんだ。やはりアメリカにはかなわないだろうという意識があったんだ。

太田――そりゃそうだろう。だってまだその時代は、野茂もイチローも出てないんだもんな。

田中――そういうレベルの話じゃねえんだよ！　それで野村吉三郎海軍大将が駐米大使に任命され、アメリカ国務長官のハルとの折衝を開始する。当時はこのハルがアメリカとの交渉において最も重要な人物だった。

太田――〝ハル一番〟って言われてたんだよな。

田中――うるせえよ！　しかしこの交渉はうまく進まなかった。ハルは野村大使に対して〝ハル四原則〟を出した。これは、領土と主権の不可侵、内政不干渉、通商上の機会の平等、国際紛争の平和的解決というものだった。しかしこれには、松岡外相をはじめとする親独強硬派は絶対反対だった。その後、独ソ戦が開始されると軍部はいっそう強硬になる。御前会議で南部仏印への進駐を決定し、進駐すると、アメリカは石油の禁輸を実施する。この石油の禁輸は日本にとって大打撃となった。

太田――そりゃそうだろうな。石油ストーブ使えなかったら、冬寒くてしょうがないもんな。

田中――その程度の話じゃねえんだよ！　石油がないってことは、航空機、軍艦、軍用トラックなどが全て機能しなくなるってことなんだよ。日本の石油備蓄は約2年分しかなかった。海軍の中間層では、石油のあるうちに開戦すべきだとの意見が強くなったんだ。

太田――無茶な話だよな。競馬場で財布に残った1万円を全部最終レースの大穴に賭けようとしてるダメなギャンブラーみたいな発想だよな。

田中――いいよ、そんなたとえしなくても！　近衛はルーズベルト大統領と直接交渉を行おうとメッセージを送ったが、アメリカは既にその時、対日参戦を決定していて無駄だったんだ。

太田――〝ルーズベルト〟って〝ルーズソックス〟のちょっと前に流行《はや》ったんだよな。

田中――何だよそれ！

太田——ベルトをゆるめてズボンを穿《は》くファッションだろ、〝ルーズベルト〟って。

田中——そんなファッションねえよ！　その後、御前会議で、〝帝国国策要綱〟が決定される。これは4カ月で東南アジア一帯を占領し、海軍は真珠湾を攻撃するという計画だった。近衛はこの時点でもあくまで日米交渉を主張するが、解決の見込みはなく、近衛内閣は総辞職。代わって東条英機が首相になる。

太田——その時、東条は歌ったらしいな。「やめろと言われても」「ヒデキ！」「今では遅すぎる」「ヒデキ！」って。

田中——それは西城秀樹だよ！　くだらねえんだよ、言ってることが！　その後、3度目の御前会議で、対米英戦争を決意。武力発動は12月と決定する。その一方で対米交渉は続け、そこでは妥協案として仏印以外には進出しないから米英は石油などの資源の獲得を保証せよという提案をする。しかしこの案では中国からの日本軍の撤退を要求するアメリカとの妥協はありえなかった。しかもアメリカは当時日本の暗号解読に成功しており、御前会議の決定も筒抜けだった。つまり日本が妥協案を出してるその裏で、対米戦争の準備を着々と進めていることをアメリカは全部知ってたんだ。

太田——それじゃアメリカが日本との交渉に応じるわけないよな。アメリカから見たら日本は、片手に拳銃持ちながら、もう片方の手で握手しようとしてるようなもんだもんな。完全に頭がおかしいよな、その行動は。目出し帽被《かぶ》って「私は決して怪しい者ではありません」って言ってる奴みたいだもんな。

田中――だから、いちいちワケのわかんないたとえしなくていいよ！　そしていよいよ、国務長官ハルからの最後通牒《つうちょう》である、有名な〝ハル・ノート〟が提起され、開戦は決定的となる。しかしこの戦争は全く大義のない戦争だった。東条は当時天皇から「この戦争の大義名分をいかに考えるか」と質問され、「目下研究中」と答えたという。

太田――小学校の時もいたよな。学級会で先生に指されると必ず「今考え中です」って答えるバカ。

田中――確かにいたけど、話のスケールが違いすぎるだろ！　そして、いよいよ日本は真珠湾攻撃を実行する。本来は攻撃の30分前にアメリカに交渉打ち切り通告を手渡す予定だったが、大使館の手違いで野村大使がハル長官に渡したのは攻撃の1時間後だった。しかしたとえ30分前に渡したとしても、この攻撃が奇襲であることに変わりはなかった。この通告なしの奇襲は、だまし打ちとしてアメリカ国民を怒らせた。

太田――未だに言うもんな〝リメンバー・パールライス〟。

田中——〝パールハーバー〞だよ！　そして日本はマレー上陸作戦、マレー沖海戦、フィリピン攻略戦、シンガポール攻略戦、蘭印資源獲得作戦、援蔣ルート遮断、インド洋作戦、と快進撃をするが、その後、ポートモレスビー攻略作戦では失敗し、珊瑚海海戦では多くの飛行機と熟練搭乗員を失う。そしてミッドウェー海戦で、日本機動部隊壊滅。一転して敗戦への道を進み始めるんだ。

太田——小学校の時もいたよな。マラソン大会でスタートダッシュかけて、最初の100メートルだけ独走するんだけど、すぐに力尽きて必ずビリになる奴。

田中——だから、いちいち小学校の時の思い出にたとえるな！　いい加減にしろ！

■20世紀初頭 東南アジア勢力図

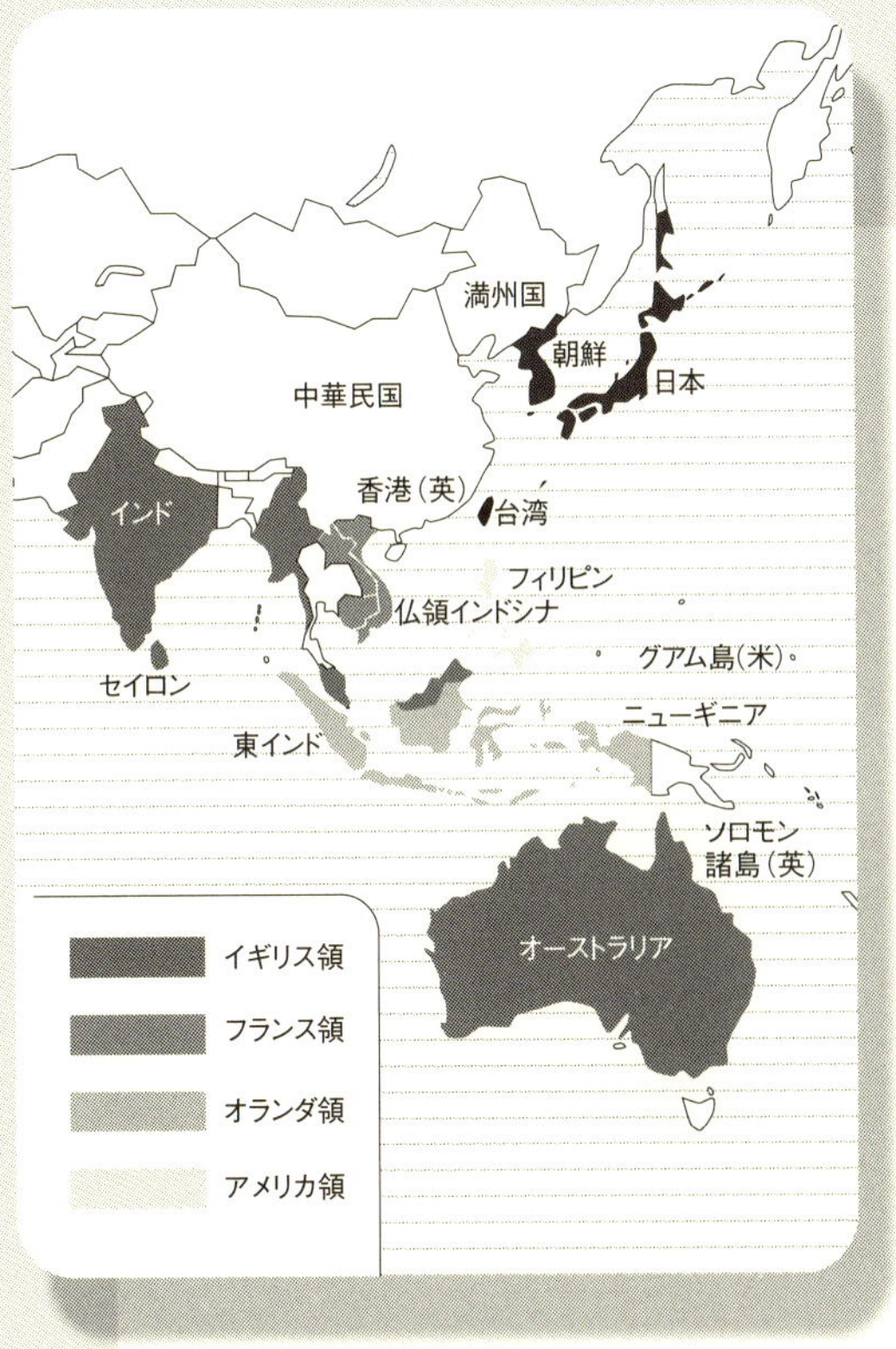

■1940年当時の軍事物資のアメリカへの依存度

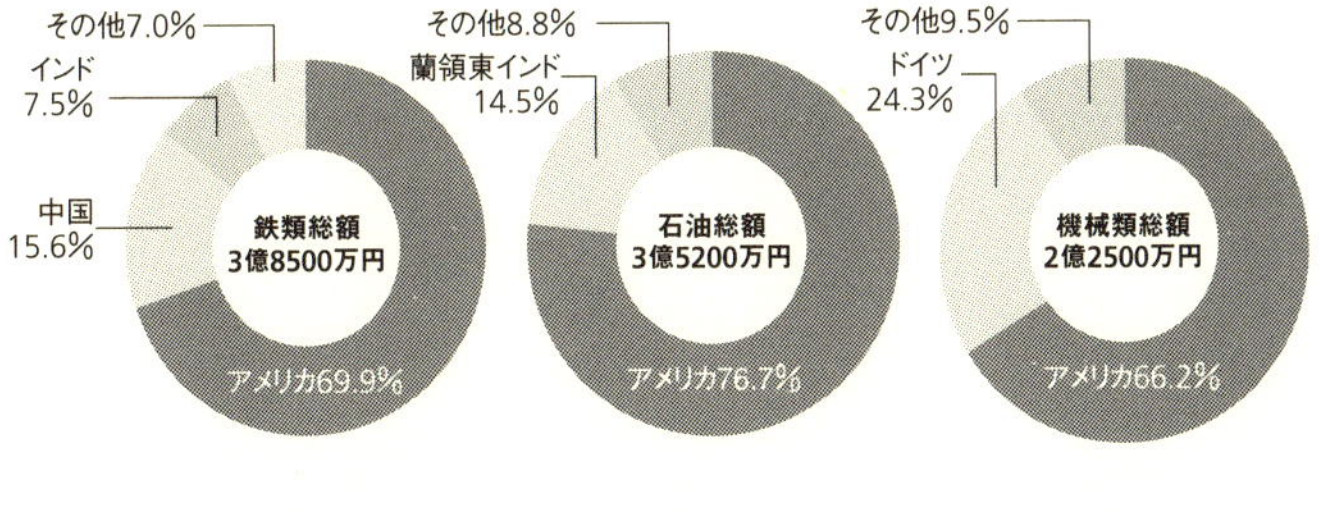

■日米交渉の流れ

1941年4月	日米交渉開始 日本・野村吉三郎駐米大使 アメリカ・ハル国務長官
7月	アメリカ、在米日本資金を凍結
8月	アメリカ、対日石油輸出を全面禁止
9月	日本、御前会議で対米英戦準備を完成させることを決定 野村大使がハル米国務長官に日米国交調整了解案を渡す
10月	ハル米国務長官が野村大使に日米首脳会談拒否を通告 近衛首相、対米英開戦で東条英機陸相と対立 対英米戦白紙を条件に東条内閣成立
11月	日本、日米交渉最終案を提出 アメリカは日本の提案を拒否し、*ハル・ノートを提示 日本、アメリカとの交渉打ち切りを決定
12月	御前会議で対米英戦正式決定 真珠湾攻撃

＊ハル・ノート
アメリカ側が提示した「合衆国および日本国間の協定のための基礎概要」という十カ条からなる新提案。

●アメリカ側の具体的要求
- ・中国および仏領インドシナからの日本軍の全面撤退
- ・重慶にある国民政府（蔣介石）以外の中国政府・政権の否認
- ・日米両国政府の中国における一切の治外法権の放棄
- ・日独伊三国同盟の破棄

■日米の経済力と戦力比較

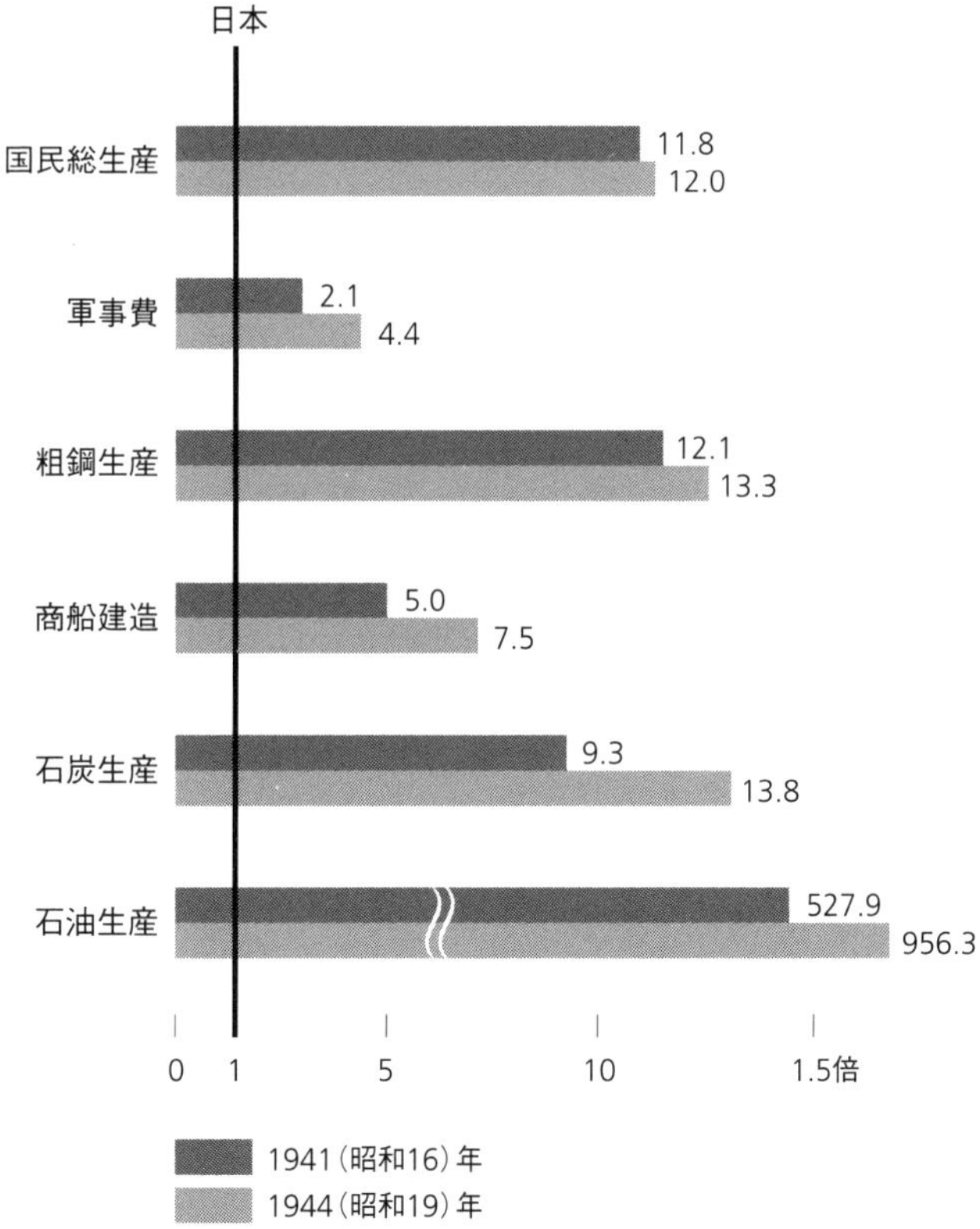

数字は日本を1とした場合の米国の力

■真珠湾攻撃

真珠湾攻撃の爆撃で船橋が傾く米戦艦アリゾナ(1941年12月8日撮影)。

■真珠湾攻撃までの流れ ワシントン時間

12月6日14:00	東郷茂徳外相がアメリカの日本大使館へ前もって重要文書の提出を指示。しかしこの日、大使館員は歓送迎会で出払っていた
12月7日13:00	日本政府が予定していた最後通牒執行の時間だが、文書のタイプが間に合わず提出できなかった
12月7日13:25	真珠湾攻撃開始
12月7日14:20	野村、来栖両大使がハル国務長官に最後通牒を手渡す

太平洋戦争・中編

1941~1945

【太平洋戦争・中編】

1941(昭和16)年12月8日、日本によるハワイ真珠湾の奇襲攻撃により開戦した太平洋戦争。同月10日のマレー沖海戦で日本軍は香港、マレー半島、フィリピン、ジャワ、ビルマ(現ミャンマー)の各地を占領、優勢を誇るが、翌年6月のミッドウェー海戦では大敗。その後の、ガダルカナル戦、ソロモン海戦も負け、44(昭和19)年マリアナ沖海戦でサイパン島も占領されてしまう。さらに日本は、台湾沖航空戦により日本機動部隊の航空戦力の大半を失ったままレイテ沖海戦に突入し、敗退。日本全土はB29爆撃機の空襲にさらされた。扉写真は、ミッドウェー海戦で攻撃を受ける空母「赤城」。飛行機発進準備中の甲板に命中弾を受け、この後、沈んだ。42(昭和17)年6月5日撮影。

■ミッドウェー海戦

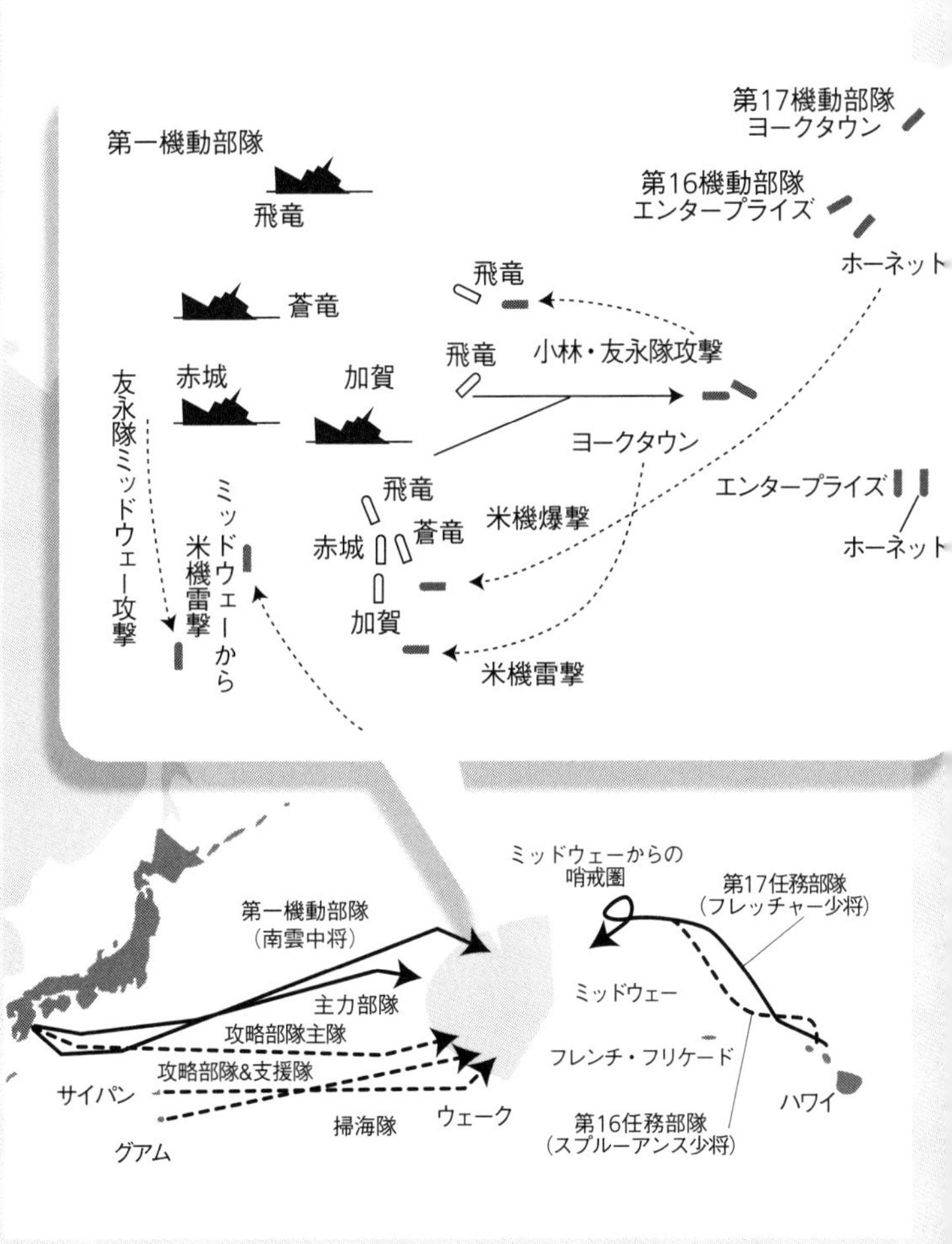
第17機動部隊
ヨークタウン
第一機動部隊
飛竜
第16機動部隊
エンタープライズ
ホーネット
飛竜
蒼竜
飛竜
小林・友永隊攻撃
赤城
加賀
友永隊ミッドウェー攻撃
ヨークタウン
ミッドウェーから米機雷撃
飛竜
エンタープライズ
赤城
蒼竜
米機爆撃
ホーネット
加賀
米機雷撃
ミッドウェーからの
哨戒圏
第17任務部隊
(フレッチャー少将)
第一機動部隊
(南雲中将)
ミッドウェー
主力部隊
攻略部隊主隊
フレンチ・フリゲード
攻略部隊&支援隊
サイパン
ウェーク
ハワイ
掃海隊
第16任務部隊
(スプルーアンス少将)
グアム

田中――この戦争で日本が崇高な理念として掲げたのは、〝大東亜共栄圏〟という思想だった。
太田――俺らの時代は三流大学の代名詞だったけどな。今は入るの難しいらしいな。
田中――何だよ、それ？
太田――〝大東亜帝国〟だろ。大東文化大学・亜細亜大学・帝京大学・国士舘大学。
田中――全然関係ねえよ！　〝大東亜共栄圏〟だよ！　これは西欧に支配されているアジア諸国を解放し独立させて、アジアの新しい秩序を建設するというようなことだな。
太田――〝日東駒専〟は？
田中――だから大学の話は関係ねえんだよ！　この日本の思想は、日本にとっても、実際に西欧諸国によって植民地にされていたアジアの国々にとっても理想的な考え方のはずだった。そして確かにその時点では理想だったことは間違いないだろう。でも戦争を経て、その後、日本周辺のアジアの国々には、日本に対する憎しみの方が多く残ったということは、この戦争中日本軍が現地で行ったことが、その理想とはかけ離れた残虐な行為だったからだろうね。
太田――確かにいるよな、言ってることとやってることが違う奴。『素顔のままで』を歌ってるデーモン小暮とかな。

田中――いいよそんなたとえしなくて！　ドイツが西部戦線でオランダ、フランスを降伏させると、その植民地だった東南アジアへ日本は進出していく。日本軍はインドネシアをオランダから解放し、投獄されていた独立運動の指導者スカルノやハッタを解放する。民衆は最初日本軍を歓迎したが、すぐにそれが幻想であると知る。日本軍は民族運動を厳しく取り締まり、反抗すれば投獄の上、拷問、殺害した。それはオランダの植民地支配よりももっと過酷なものだったんだ。

太田――最終的にはデヴィ夫人まで送り込んだからな。

田中――それは関係ねえよ！　日本軍の捕虜に対する虐待も多かった。フィリピンでは〝バターン死の行進〟という事件が起きた。これは、日本軍が捕虜とした米軍1万2000人とその傘下のフィリピン兵6万4000人を炎天下のバターン半島で112キロを無理矢理歩かせたために飢えとマラリアなどで何千人もの人が死んだという事件だ。

太田――猿岩石もそれで死んだんだよな。

田中――死んでねえよ！　ビルマでは日本軍は独立運動の指導者アウン・サンと接触し、協力して戦った。しかし占領後も日本軍は軍政を続け、アウン・サンとの約束の独立をなかなか果たさなかった。その後、ビルマを独立国家として認めるが、実態は日本軍のやりたい放題だった。日本軍は軍票の乱発、日常物資の略奪、女性への暴行を繰り返した。アウン・サンはやがて、日本に反乱を起こす。日本軍政が後の対イギリス独立運動に大きな役割を果たしたことは事実だが、アウン・サンやビルマ人は日本軍によるビルマ独立に感謝していたわけではないんだ。

太田――ビルマというと思い出すのが『ビルマの竪琴』だよな。日本軍の兵士である主人公の水島が戦争に嫌気がさして、頭を丸めてお坊さんになっちゃうんだよな。それで仲間の兵士が「水島ーっ！　一緒に日本に帰ろう！」って言うんだけど、水島は肩にオウムを乗せたまま去って行ってしまうんだよな。あの水島の姿は印象的だったな。

田中――確かにね。

太田――まさかあの時は、後に『ドカベン』を書くことになるとは思ってもみなかったろうな。

田中――水島って水島新司じゃねえよ！　中国に対しても日本は虐殺を行った。日本軍の重慶爆撃による死者は1万2000人。そのほとんどは一般住民だ。ナチス・ドイツによるゲルニカに対する爆撃の死者が2000人だから、その規模の大きさがわかる。

また中国ゲリラ地区の村を「敵性を有する」として皆殺しにした。これは三光作戦（殺し尽くす、焼き尽くす、奪い尽くす）と呼ばれた。

太田――〝プロポーズ大作戦〟以上に残虐な作戦だよな。

田中――うるせえよ！　〝プロポーズ大作戦〟のどこが残虐なんだよ！　朝鮮、台湾に対しては皇民化政策が行われた。これはその民族の言葉を取り上げ、日本語を強制し、精神の中から完全に日本人にするために神社を建て国家神道を強制し、少しでも背いた者は暴力によって虐待した。

太田――これによって完全に日本人になっちゃったのが、何故かデーブ・スペクターだよな。

田中――全く関係ねえよ！　戦争末期、国内の徴兵が限界に達すると、朝鮮兵、台湾兵は日本兵の弾よけとして戦場に投入された。また創氏改名といって民族の名前を取り上げられ日本名を名乗らされた。これは国内の外国人に対しても行われた。当時巨人のエースだった〝スタルヒン〟は〝須田博《すだひろし》〟と改名させられた。

太田――もしかして〝内山田洋〟も本当は、〝ウチャルヒン〟だったりするのかな。

田中――そんなわけねえだろ！　これらの、アジアの国々で日本軍が行った行為が〝大東亜共栄圏〟という思想の実態だ。日本人の中にはこれらのことが誇張された歴史だと主張する人もいる。でも、全てがデタラメであるということはありえない。そう考えると中国の反日運動をはじめ、アジアの人々が日本を今でも憎んでいる理由がわかる気がするよね。

太田——そういえば最近、ユンソナの俺を見る目が冷たいんだよな。

田中——それは関係ねえよ！　こうしてアジアの人々を苦しめた日本は、最終的には戦場にいる自分の国の兵士さえも追いつめていくことになる。ミッドウェー海戦で負ける前から日本の暗号はアメリカに筒抜けだった。その時既に日本には勝ち目はなかった。にもかかわらず大本営は前線の兵士に戦闘命令を出し続ける。日本海軍はガダルカナル島に飛行場を建設する。米軍はそれを知るや、すぐにガダルカナル島へ上陸。この時の米軍の数は1万7000名。日本軍は約2800名。かなうわけがない。

太田——その約2800名全員が力也（安岡力也）だったら、いい勝負するかもしれないけどな。

田中——しねえよ！　ガダルカナル島奪回を誓った日本はその後、一木支隊約900名を派遣するが、一瞬で壊滅。第一次・第二次ソロモン海戦では多くの空母、戦闘機を失い、それでもまだあきらめない。ラバウルから川口支隊、ジャワから第二師団が上陸するが集中砲撃を受け、その上食料不足による餓死者が続出して全滅。第三八師団を投入した第三次ソロモン海戦では甚大な損害を受け、ようやく大本営はガダルカナル島放棄、撤退を決定する。巻き返しを図る大本営は、東部ニューギニアへ兵力増強のためラバウルから船団を送るが、この輸送作戦も米軍に暗号解読されており、船団がダンピール海峡に差しかかったところで大規模な航空攻撃によって全滅。これを〝ダンピール海峡の悲劇〟という。

太田――ああ、あのラモスが頭抱えてたやつ。

田中――それは〝ドーハの悲劇〟だよ！　日本軍は北方作戦でアリューシャン列島のアッツ島を占領。米軍はこれに反撃をする。この時既に日本の兵力は底をついていて、大本営は増援を送るのを断念、その代わりにアッツ島にいた兵士たちに〝玉砕せよ〟との命令を出す。アッツ守備隊は文字通り玉砕、全滅する。〝玉砕〟という言葉が使われたのはこの時が初めてだった。

太田――お前も何年か前、玉砕したよな。

田中――うるせえ！　俺の玉の話はもういいよ！　タワラ島、マキン島玉砕。マリアナ沖海戦敗退。米軍は圧倒的兵力でサイパンに上陸。大本営はサイパンを放棄。しかし現地の日本軍はそのことも知らず、最後の総攻撃〝バンザイ突撃〟を敢行。しかしこれは米軍に大した被害を与えることもなく日本軍は壊滅。残された邦人は海の崖から「万歳」を叫びながら身を投げた。この場所はそれ以降〝バンザイクリフ〟と呼ばれるようになったんだ。

太田――ボケたりツッコんだりしながら身を投げてたら〝マンザイクリフ〟だったな。

田中――くだらねえよ！　その後台湾沖にいた米空母機動部隊を全滅させたとの海軍の嘘の報告を信じた大本営は、無謀なレイテ戦に突入。相次いで敗退。豊富な大砲と戦車と自動小銃を持った米軍がルソン島に上陸。迎え撃つ日本軍は戦車も少なく、度重なる特攻によって飛行機も使い果たし、小銃と手榴弾《しゅりゅうだん》のみで突入したが、全くかなわなかった。この戦いでの日本軍の戦死者は21万８０００人。まさに歴史的な大敗だった。

太田――さすがにその報告を聞いた大本営は皆、２００５年の総選挙直後の民主党の岡田代表みたいな顔してたらしいな。

田中――いい加減にしろ！

■太平洋戦争・戦局の推移

1941(昭和16)	12月	真珠湾攻撃
		マレー半島上陸
		ルソン島上陸
1942(昭和17)	1月	マニラ占領
	2月	シンガポール占領
	3月	ジャワ島上陸作戦開始、オランダ軍無条件降伏、ラングーン
	4月	米国機による初めての東京空襲
	6月	ミッドウェー海戦で日本海軍大敗
1943(昭和18)	2月	ガダルカナル島撤退
	5月	アッツ島守備隊玉砕
	6月	米軍、ニューギニア上陸
	11月	マキン、タラワ守備隊玉砕
	12月	学徒出陣開始
1944(昭和19)	2月	トラック島大空襲を受ける
	3月	インパール作戦開始
	6月	マリアナ沖海戦で日本海軍大敗
		太平洋水域の制海権をほとんど失う
	7月	サイパン島守備隊玉砕。米軍により占領される
		米軍、グアム島上陸
	10月	米軍、レイテ島上陸。レイテ沖海戦で海軍壊滅状態
		特攻隊が初出撃
1945(昭和20)	3月	硫黄島守備隊玉砕。東京大空襲
	4月	米軍、沖縄本島に上陸
	6月	沖縄戦に敗北
	7月	ポツダム会談
	8月	広島・長崎に原爆投下。ソ連、満州に侵攻
		ポツダム宣言受諾。日本、無条件降伏
	9月	降伏文書に調印

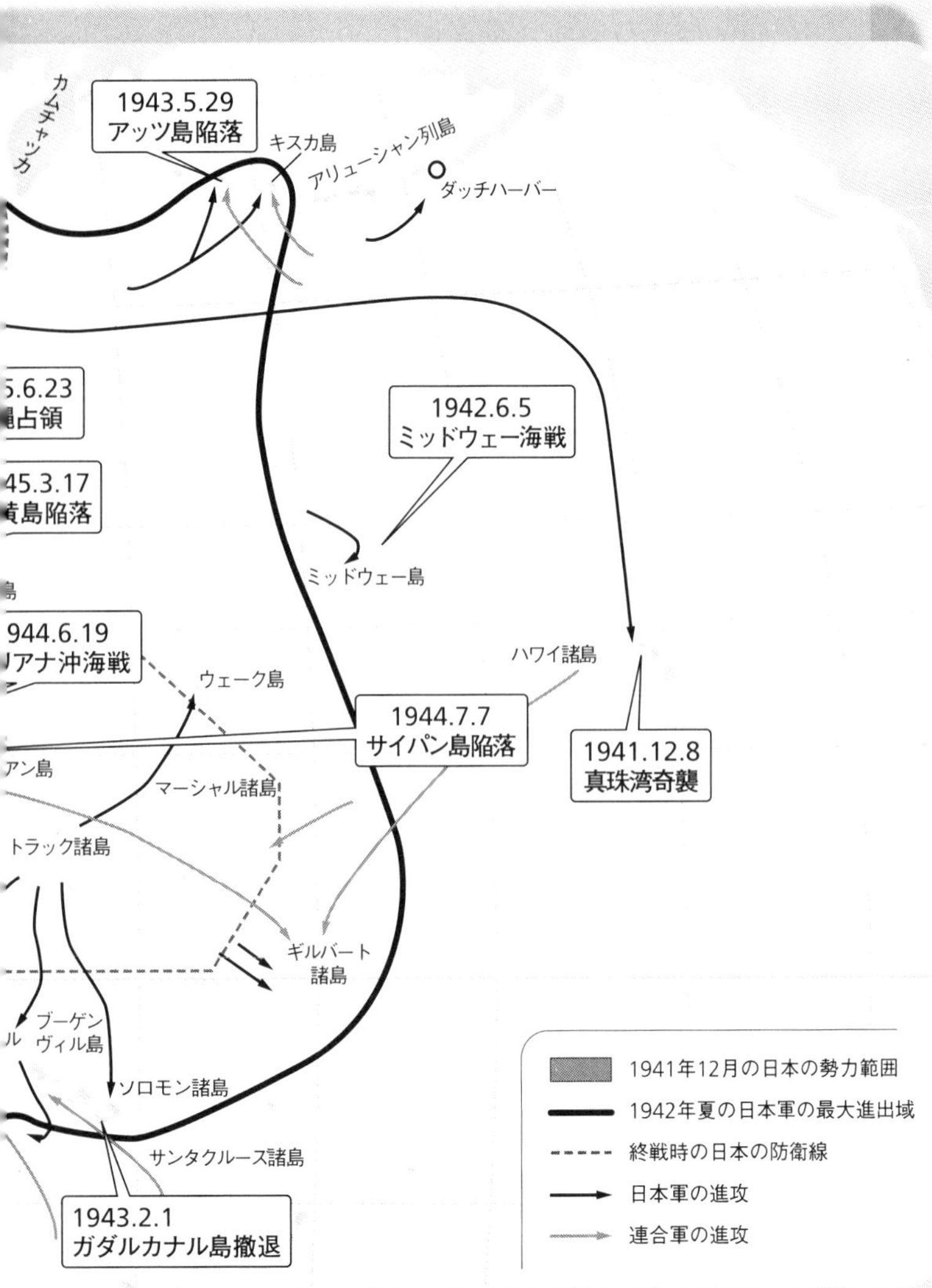

カムチャツカ
1943.5.29
アッツ島陥落
キスカ島
アリューシャン列島
ダッチハーバー
5.6.23
占領
1942.6.5
ミッドウェー海戦
45.3.17
島陥落
ミッドウェー島
944.6.19
アナ沖海戦
ハワイ諸島
ウェーク島
1944.7.7
サイパン島陥落
1941.12.8
真珠湾奇襲
アン島
マーシャル諸島
トラック諸島
ギルバート
諸島
ブーゲン
ヴィル島
ソロモン諸島
サンタクルーズ諸島
1943.2.1
ガダルカナル島撤退
1941年12月の日本の勢力範囲
1942年夏の日本軍の最大進出域
終戦時の日本の防衛線
日本軍の進攻
連合軍の進攻

■太平洋戦争の展開（1941−45年）

ソ連
モンゴル人民共和国
満州国
新京
奉天
延安
北京
原爆投
1945.8.6
8.9長
朝鮮
中華民国
南京
長崎
上海
重慶
漢口
ネパール
インパール
昆明
厦門
沖縄
インド
ビルマ
194
米軍
カルカッタ
マンダレー
広州
香港
台湾
ハノイ
フランス領インドシナ連邦
アンダマン諸島
タイ
ラングーン
ルソン
1944.10
レイテ沖
バンコク
フィリピン
マニラ
サイゴン
ミンダナオ
セイロン
オランダ領東インド
ダヴァオ
パラオ諸
コロンボ
ブルネイ
スマトラ
ボルネオ
セレベス
パレンバン
バタヴィア
モルッカ諸島
スラヴァヤ
ティモール
ジャワ
ポートダーウ
1942.2.15
シンガポール占領
1941.12.10
マレー沖海戦
オーストラリ

■拡大する戦力差

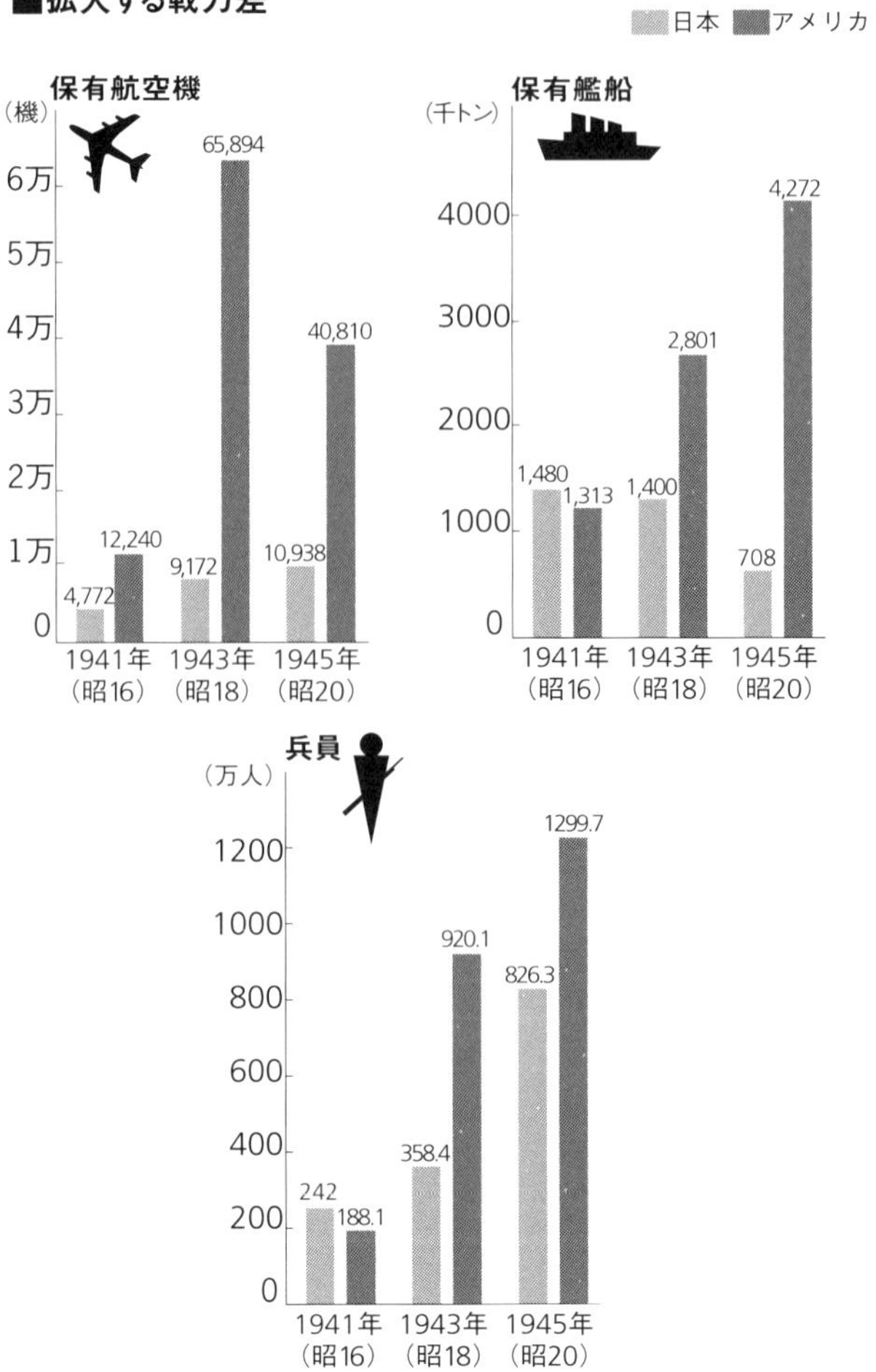
日本
アメリカ
保有航空機
（機）
6万
5万
4万
3万
2万
1万
0
4,772
12,240
9,172
65,894
10,938
40,810
1941年（昭16）
1943年（昭18）
1945年（昭20）
保有艦船
（千トン）
4000
3000
2000
1000
0
1,480
1,313
1,400
2,801
708
4,272
1941年（昭16）
1943年（昭18）
1945年（昭20）
兵員
（万人）
1200
1000
800
600
400
200
0
242
188.1
358.4
920.1
826.3
1299.7
1941年（昭16）
1943年（昭18）
1945年（昭20）

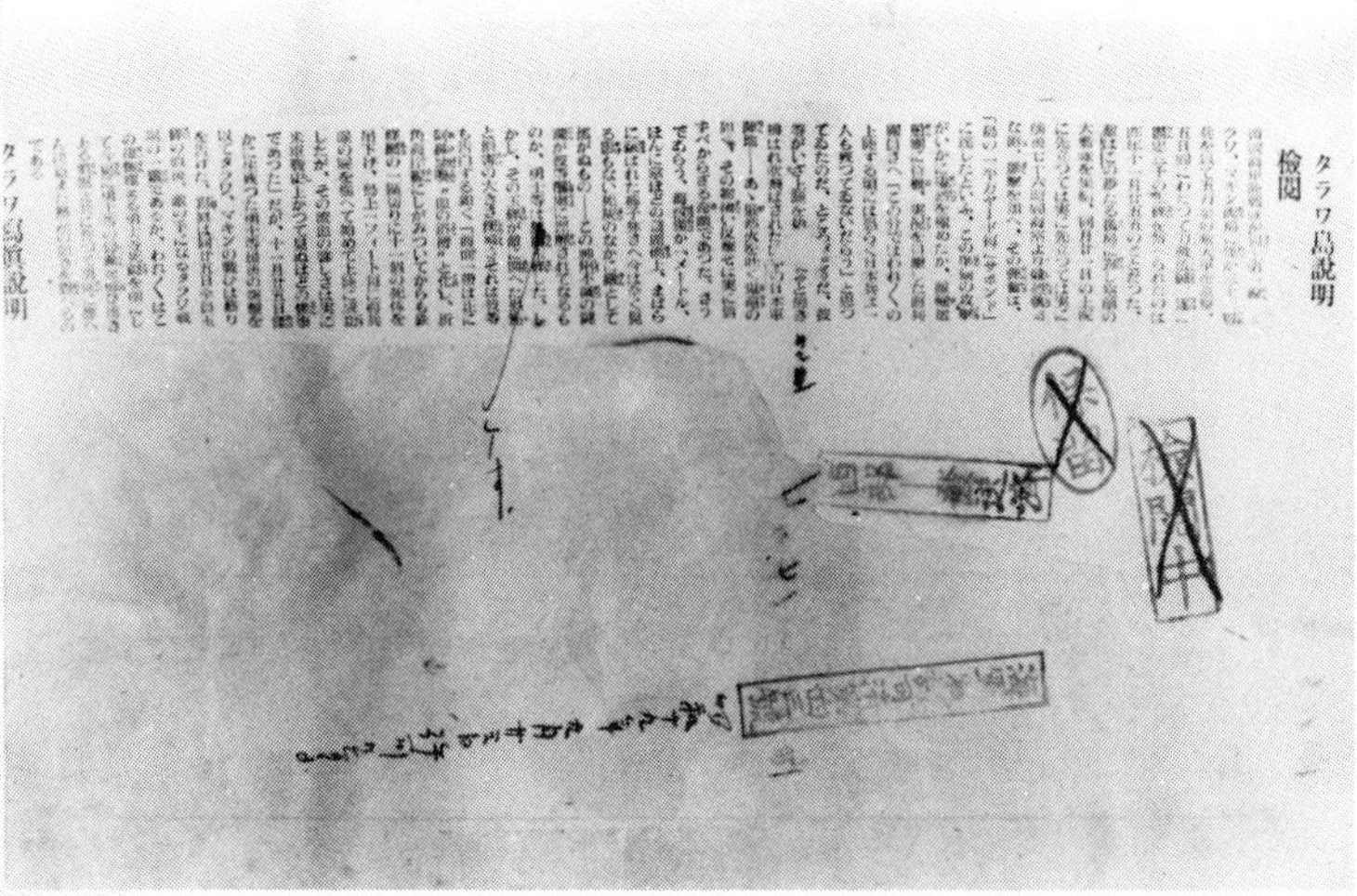
タラワ島説明
検閲

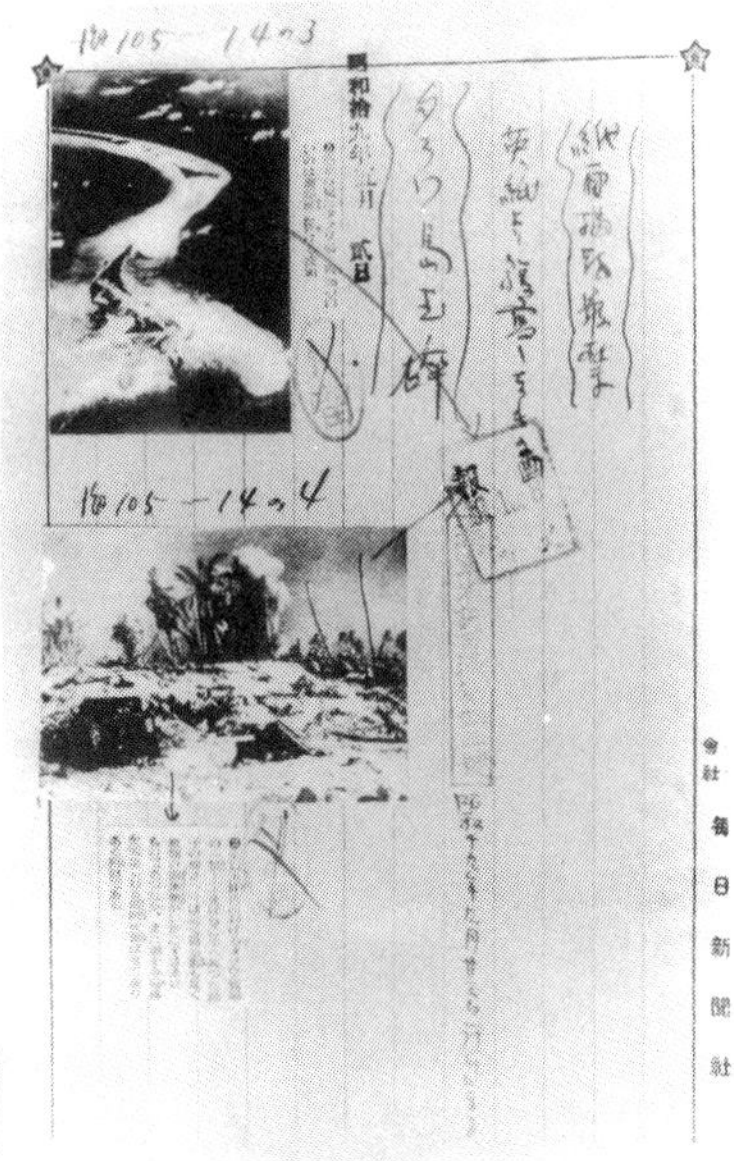
毎日新聞社

1943（昭和18）年、タラワ島守備隊玉砕の報を海軍は発表厳禁とした。そのニュースは翌年9月23日解禁となった。右は、毎日新聞が英紙から入手したタラワ島玉砕の写真。上は軍検閲の推移がわかるタラワ島玉砕写真の説明記事。検閲中、保留の印がつぎつぎ消され、最後に海軍省許可済印が押される。「海面一帯は血の浴槽と化し」とある。

■第二次世界大戦下の抗日組織

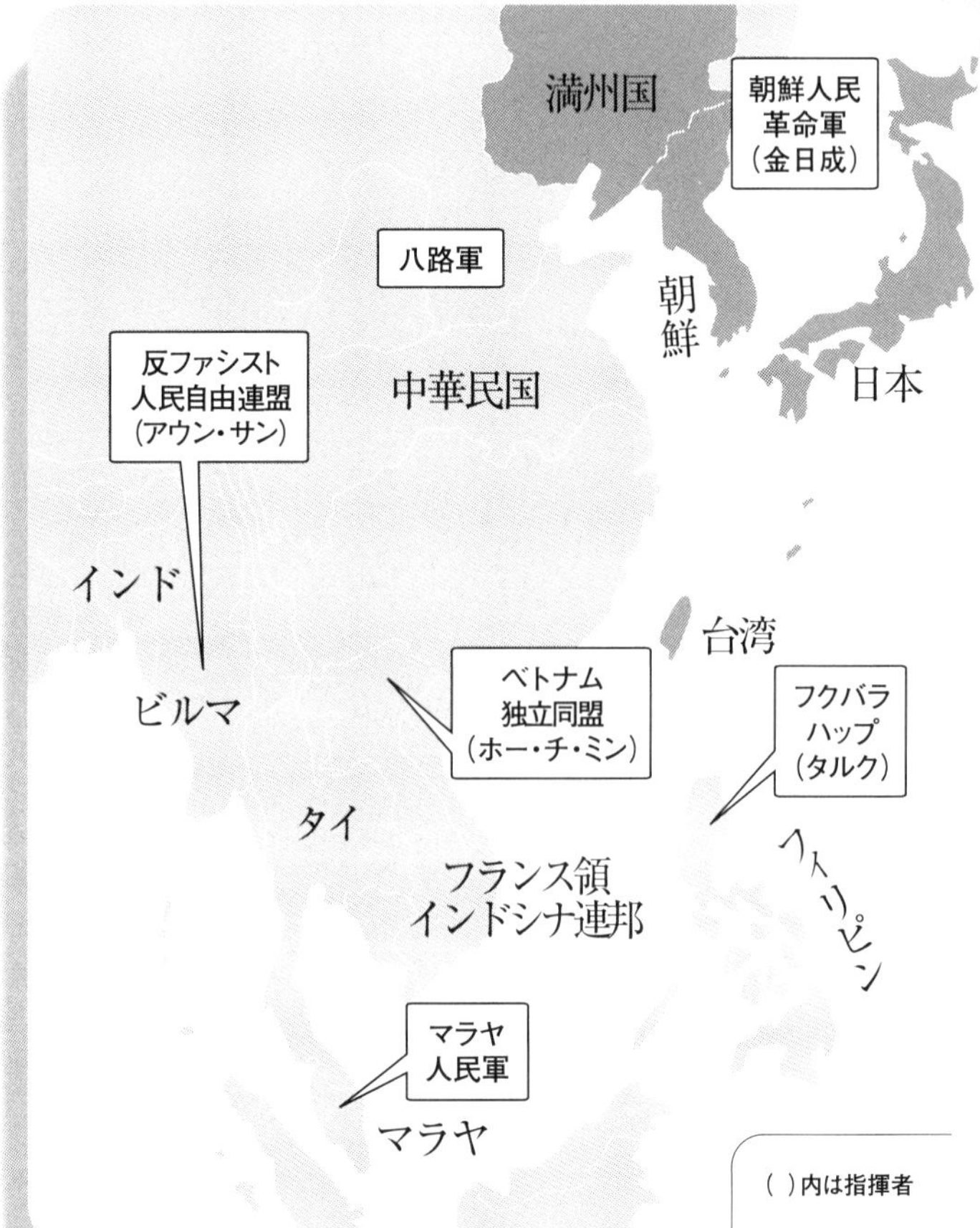

1941～1945
太平洋戦争・後編

【太平洋戦争・後編】

太平洋戦争末期の１９４５（昭和20）年３月、硫黄島作戦で日本軍は玉砕。４月には沖縄戦に突入する。日本の敗戦が必至となったこの段階で小磯内閣が退陣。鈴木貫太郎内閣が成立。７月26日、米・英・中３カ国首脳名で、ポツダム宣言を発表。米軍は、８月６日に広島、９日には長崎に原子爆弾を投下。14日、ポツダム宣言受諾が決定。15日、天皇のラジオ放送で戦闘停止。９月２日、東京湾内の米国戦艦ミズーリ号上で降伏文書に調印。約４年にわたった太平洋戦争は終結した。扉写真は、終戦直後、焼トタンのバラックで暮らす人々。背後には国会議事堂が見える。45年12月撮影。

■日本本土の空襲被害

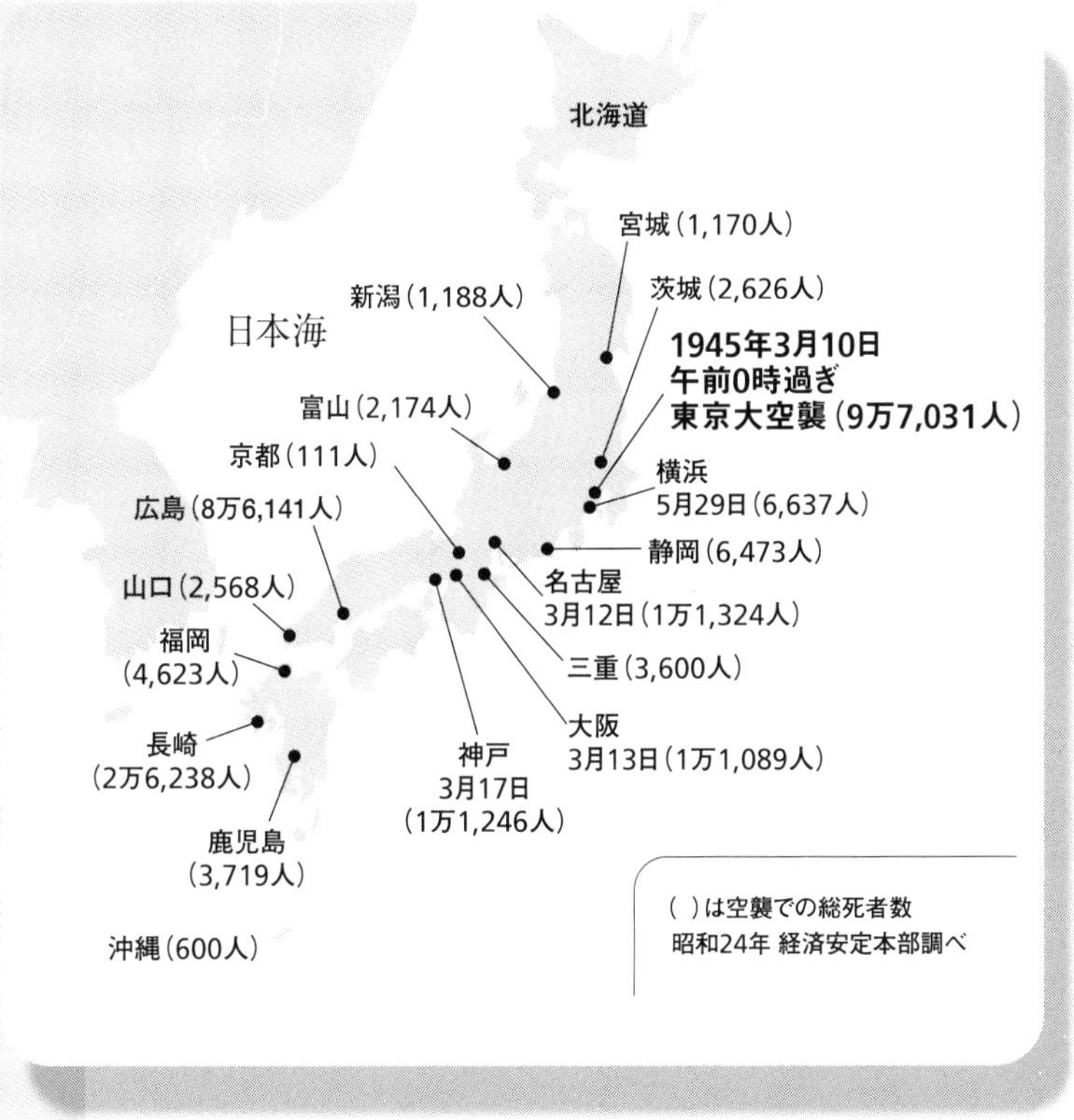
北海道
宮城（1,170人）
新潟（1,188人）
茨城（2,626人）
日本海
1945年3月10日
午前0時過ぎ
東京大空襲（9万7,031人）
富山（2,174人）
京都（111人）
横浜
5月29日（6,637人）
広島（8万6,141人）
静岡（6,473人）
名古屋
3月12日（1万1,324人）
山口（2,568人）
福岡
（4,623人）
三重（3,600人）
大阪
3月13日（1万1,089人）
長崎
（2万6,238人）
神戸
3月17日
（1万1,246人）
鹿児島
（3,719人）
沖縄（600人）
（ ）は空襲での総死者数
昭和24年 経済安定本部調べ

田中――いよいよ『日本史原論・戦争編』も今回で最終回となったね。

太田――俺たちもよく今まで戦死しないで生きてこれたよな。

田中――当たり前だろ！　漫才やってるだけなんだから！　前回では日本が玉砕につぐ玉砕で、いよいよ絶対防衛線といわれたサイパンが占領されたところまできた。

太田――当時サイパンで写真集の撮影してたグラビアアイドルたちも、みんなバンザイクリフから飛び降りたんだよな。

田中――その頃サイパンでグラビアの撮影なんかしてねえよ！　そして米軍はいよいよ硫黄島を占領する。硫黄島はサイパンと東京の中間地点にあって米軍としてはここを占領すれば、日本への空襲がどんどんできる。日本は最初から既に玉砕覚悟だった。戦う目的はできるだけ戦って時間をかせぎ、本土決戦の準備を助けるというもの。この日本軍の戦いは米軍をかなり苦しめた。しかし最後には全滅。米軍は擂鉢山《すりばちやま》の山頂に米軍兵士6人が星条旗をたてた。この写真がＮＹタイムズのトップに載った有名な写真だ。

太田――あれ以来、お子様ランチに国旗をたてるようになったんだよな。

田中――関係ねえよ！　ここまでくると日本の敗戦は誰がどう見ても必至となった。元首相の近衛文麿は、これ以上戦争を継続するのは無理とし、国体を守るためには余力のあるうちに戦争終結するべきだと天皇に提案する。しかし天皇は「もう一度戦果をあげてからでないと、なかなか話は難しいと思う」として近衛の進言を拒否したという。

太田――……………………………………………………………………………。

田中――何か言えよ！　いよいよ米軍の沖縄上陸は必至となった。ここで大本営は沖縄防衛をあきらめる。沖縄を硫黄島と同じように消耗戦によって本土決戦を準備するための時間稼ぎの場所として考える。つまり切り捨てた。国体護持のための捨て石としたんだ。この時点で日本は完全に沖縄を見捨てた。

太田――仲間由紀恵が知ったら怒るだろうな。

田中――そういう問題じゃねえだろ！

太田――「伊東美咲のどこが良いのよ！」って。

田中――何に怒ってんだよ！　連合国軍は圧倒的戦力で沖縄に上陸。日本軍は特攻隊を何度も出撃させ、人間魚雷・回天も出撃させるという悲惨な戦い。また、戦艦大和も海上特攻隊として出撃。しかし航行2日目にあっけなく九州南方で撃沈した。

太田――でもその後『ヤマトよ永遠に』でよみがえったんだよな。

田中――アニメの話じゃねえんだよ！　驚くのが、日本軍はこんな時ですら慰安婦を連れ歩き、参謀長は首里の地下のトンネルの中に芸者と慰安婦を抱え込んでいたという。

太田――もう完全に狂ってるよな。

田中――確かに。やってることが人間じゃないよね。

太田――コアラかなんかだな。

田中――そんな可愛《かわい》いものにたとえるなよ！　鬼とか、悪魔とか言え！　米軍は日本が中国の重慶爆撃で行った無差別殺戮《さつりく》を数倍の威力で沖縄に見せつけたんだ。第三二軍の牛島司令官は「最後まで敢闘し悠久の大義に生くべし」。つまり消耗持久戦としての役割を果たし最後まで戦い抜くことを残る者に命じて、自分は自決するんだ。

太田――言ってることと、自分がやってることが全然合ってないな。「いいか、お前ら、最後まで生きて戦い抜けよ」と言って自分が自決したら、普通コントなら全員ズッコケるところだよな。

田中――確かにそうなんだけど、残された兵士はその命令通り戦闘を続けた。それも終戦後の9月7日までだ。米軍は〝馬乗り作戦〟と称して洞窟・トンネルに爆弾を投げ込み、ガソリンを流し込み、火炎放射で焼き払った。沖縄は完全に日本から見捨てられていて、大本営からの増援はなし。その戦力不足を補うため15歳以下の少年までも動員した。

太田――今だったらお前も入れられるってことだな。

田中――俺は40だよ！　だけど実際、沖縄では60歳以上の老人も兵士にされた。また、戦争協力者として師範学校・中学校生徒を〝鉄血勤皇隊〟として銃を持たせ、女子師範学校・高等女学校の生徒を〝ひめゆり部隊〟として従軍看護婦に動員した。沖縄での民間人の戦死者は9万人以上だ。何よりひどいのは、沖縄県民は米軍に殺されたというだけでなく、その多くが日本軍によって虐殺されているということだ。日本軍は、隠れる壕の中が一杯になると民間人を追い出し、食料を強奪し、乳幼児が泣くと米軍に見つかるとして絞め殺し、米軍に投降した住民を裏切り者として後ろから撃ち殺したりした。味方であるはずの日本軍に殺された沖縄県民は800人以上になる。

太田――俺、今度SPEEDにあったら土下座してあやまるよ。

田中――意味ねえんだよ！　お前がそんなことしても！　これらの背景には、軍部が沖縄県民を「民度が低い」として差別していたことがあるんだ。

太田――今でいう埼玉県民みたいなもんだな。

田中――そんなことねえよ！　お前も埼玉県民だろうが！　日本軍は自分たちが中国でやったこと、つまり虐殺と強姦を、今度は自分たちが米兵にやられると思い込んでいた。だから米兵に捕まるぐらいだったら自決しろと民間人を指導する。それによってたくさんの民間人が集団自決した。

太田――悲惨すぎるよな……俺、今まで戦争賛成だったけど、反対にまわるよ。

田中――何で今まで戦争賛成だったんだよ！　本土ではその頃から米軍による空襲が始まっていた。東京大空襲では8万3000人の人が死に、100万人の人が家を失った。その空襲に対して軍部が住民に指導したのは竹槍による応戦だ。

太田――その竹槍で落とせたのはせいぜい3機ぐらいだったらしいな。

田中――1機も落とせねえよ！　慢性的な食料不足で、配給も底をつくようになった。政府の標語は「ぜいたくは敵だ」から「欲しがりません勝つまでは」だよ。

太田――最終的には「亭主元気で留守がいい」にまでなったからな。

田中――〝ダンスにゴン〟のCMじゃねえかよ！　全く関係ねえよ！　そしていよいよドイツ降伏。この時点で世界を相手に戦ってる国は日本ただ一国となった。2月にはルーズベルト、チャーチル、スターリンの三者による〝ヤルタ会談〟が開かれていて、ソ連の対日参戦が決まっていた。そうとは知らない日本は、沖縄戦の圧倒的惨敗を見て、天皇がようやく〝最高戦争指導会議〟を開き、ソ連を仲介とした終戦工作を開始する。当然ソ連はこれを無視。その後、トルーマン、チャーチル、スターリンがポツダムで会談。日本に対する即時無条件降伏要求が決定。〝ポツダム宣言〟が出される。

太田――ああ、あの田中康夫の。

田中――それは〝脱ダム宣言〟だよ！　この時点で日本が、ポツダム宣言を受諾していれば、もしかしたらその後の原爆投下は避けられたかもしれない。しかしこれに対して外務省は〝意思表示せず〟と主張、軍部は〝絶対拒否〟を主張。当時の鈴木貫太郎首相の出した回答は、〝黙殺〟だった。

太田――キタ――――(ﾟ∀ﾟ)――――ッ!!

田中――どういうリアクションなんだよ！　この時点で鈴木内閣は〝国民義勇隊〟を結成し、男子15歳から50歳、女子は17歳から40歳を義勇隊に登録。敵がもし本土に上陸したら〝一億総特攻〟により撃滅し、〝挺身斬込〟により殺傷するように国民を指導した。全国民総武装化。日本ファシズムの究極の形態となっていた。連合国側は当然この日本の〝黙殺〟をポツダム宣言拒否と受け止め、それを理由とし通告通り「日本国土の完全なる破壊」を行うため、8月6日に広島、9日に長崎へ原子爆弾を投下する。
太田――いわゆる〝ピカチュウ〟だな。
田中――〝ピカドン〟だよ！　これによって広島では約12万人、長崎では7万人以上が死亡した。また、8月8日、ソ連が日本に宣戦布告。9日に圧倒的兵力をもって南サハリン、満州、朝鮮に進軍。完全に日本の戦闘継続能力は崩壊。鈴木首相は天皇の〝聖断〟という形でポツダム宣言を受諾。8月15日、玉音放送。9月2日、ミズーリ号上で降伏文書の調印。こうして太平洋戦争とともに、日中戦争以来続いた〝一五年戦争〟と呼ばれる日本の戦争はようやく終わったんだ。
太田――これで、この『日本史原論・戦争編』も終わりってことだな。
田中――そうだね。ようやく終わったという感じがするよね。我々は漫才で戦争の歴史を追ったわけだけど、それだけでも、もう戦争はこりごりだという気分になるよね。
太田――次回からは、〝第三次世界大戦編〟をお送りします。
田中――もうやらねえよ！

■戦争中のスローガン・流行語

「欲しがりません勝つまでは」

「贅沢は敵だ」

「バスに乗り遅れるな」

「一億一心」

「パーマネントはやめましょう」

「八紘一宇」

「撃ちてし止まん」

「進め！　一億火の玉だ」

「鬼畜米英」

「一億を二億に増やす母まもれ」

「必勝へ活せ 家庭の鉄と銅」

「富国強兵」

「非国民」

沖縄戦・瓦礫と化した首里の街を行く米兵（1945年撮影）。

■沖縄戦における戦死者数

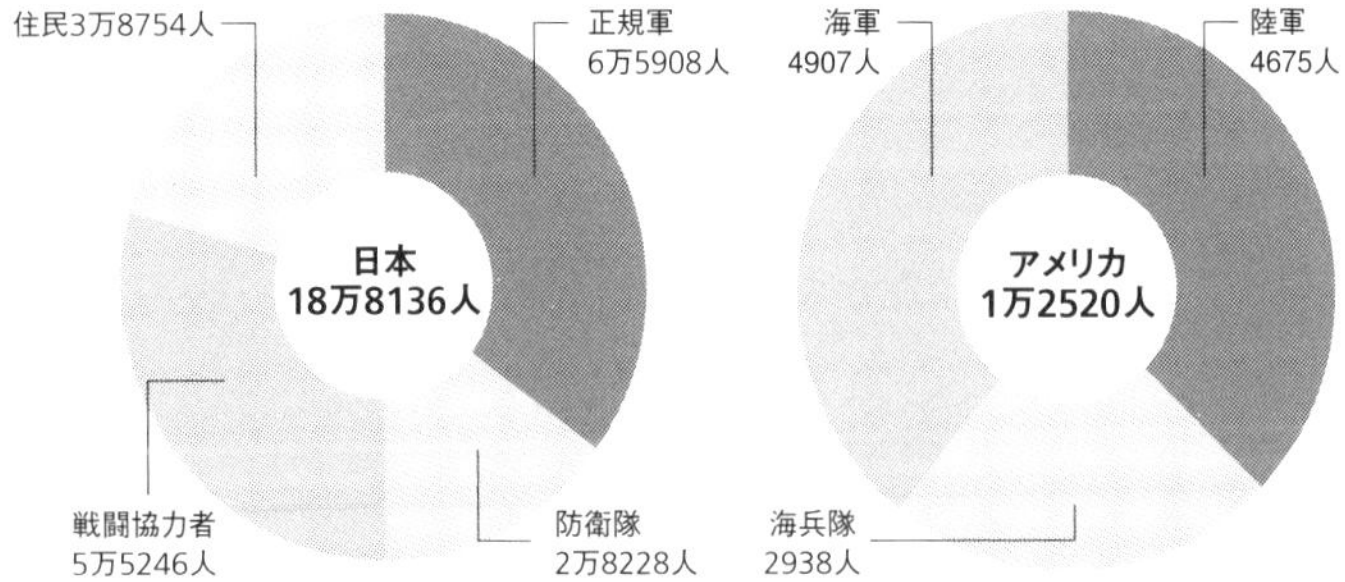

■ 沖縄戦（1945年3月26日−9月7日）

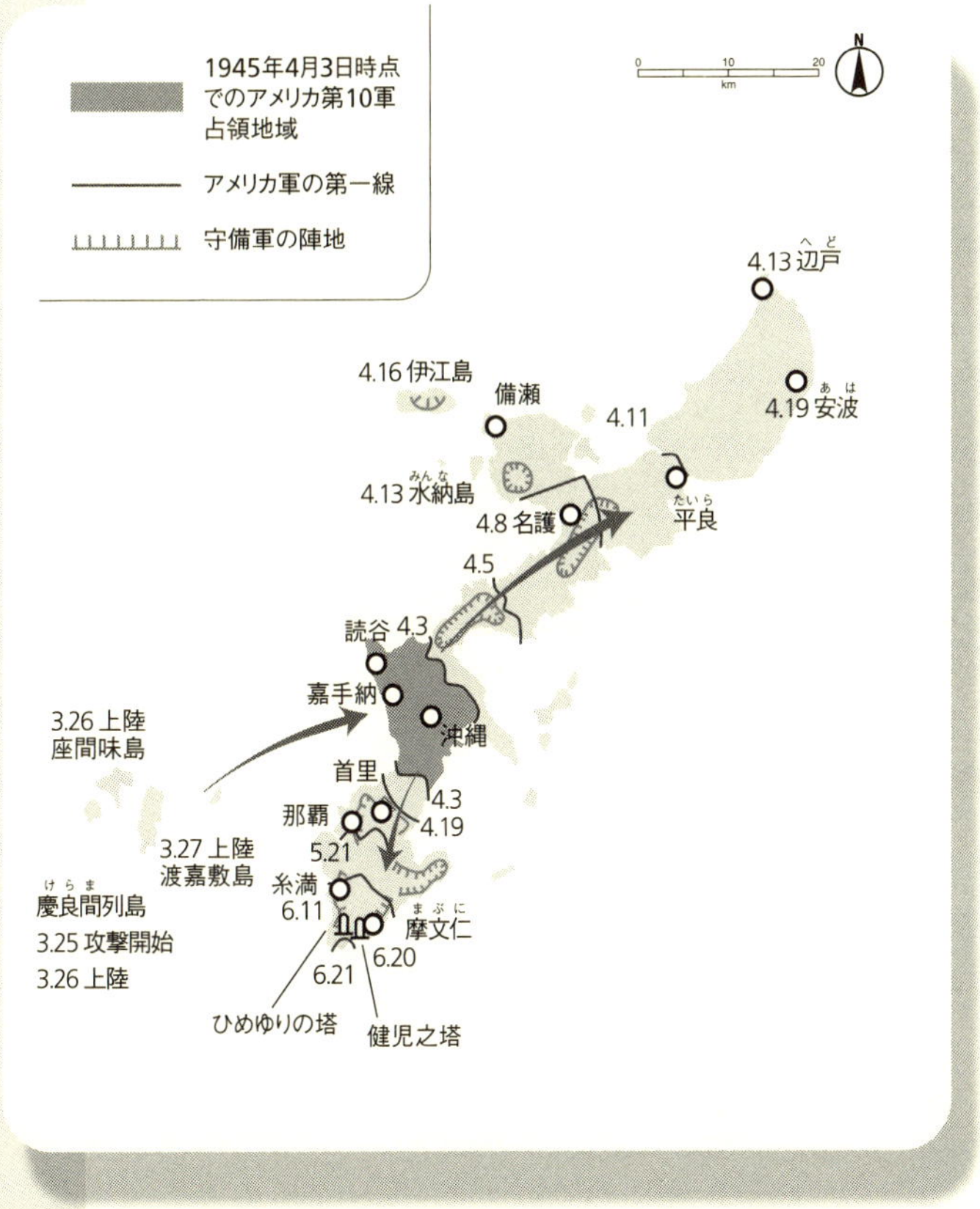

＊1945年4月1日にアメリカ軍、沖縄本島上陸。6月23日に日本軍の牛島満司令官が自決し、事実上の組織的抵抗が終了。9月7日に琉球列島守備軍が降伏文書に調印した。

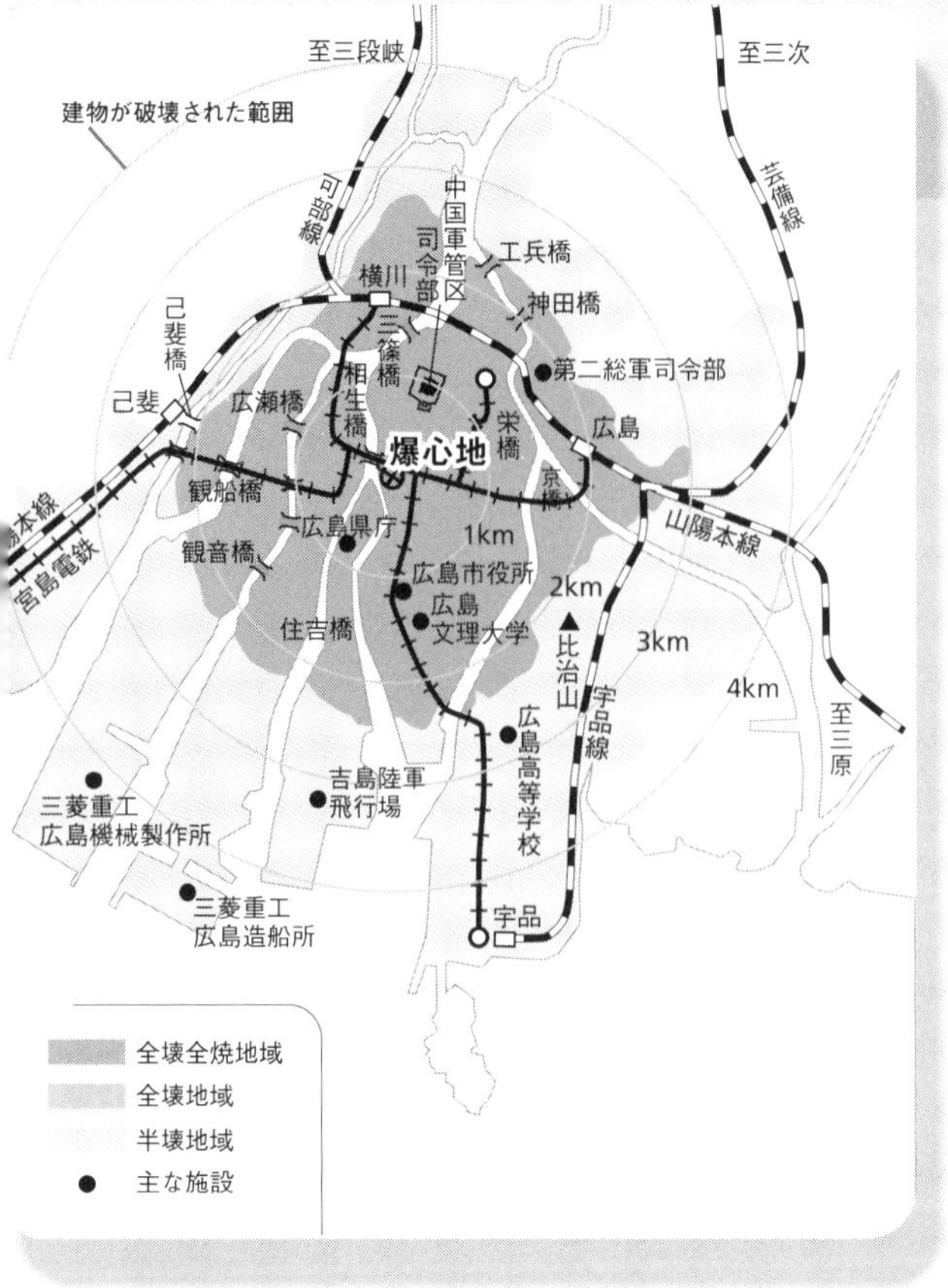

■広島の原爆による被害状況

人的被害(人)

死亡者	11万8661
行方不明者	3677
重傷者	3万0524
軽傷者	4万8606

建物被害(戸)

全焼・全壊	6万1820
半焼・半壊	6040

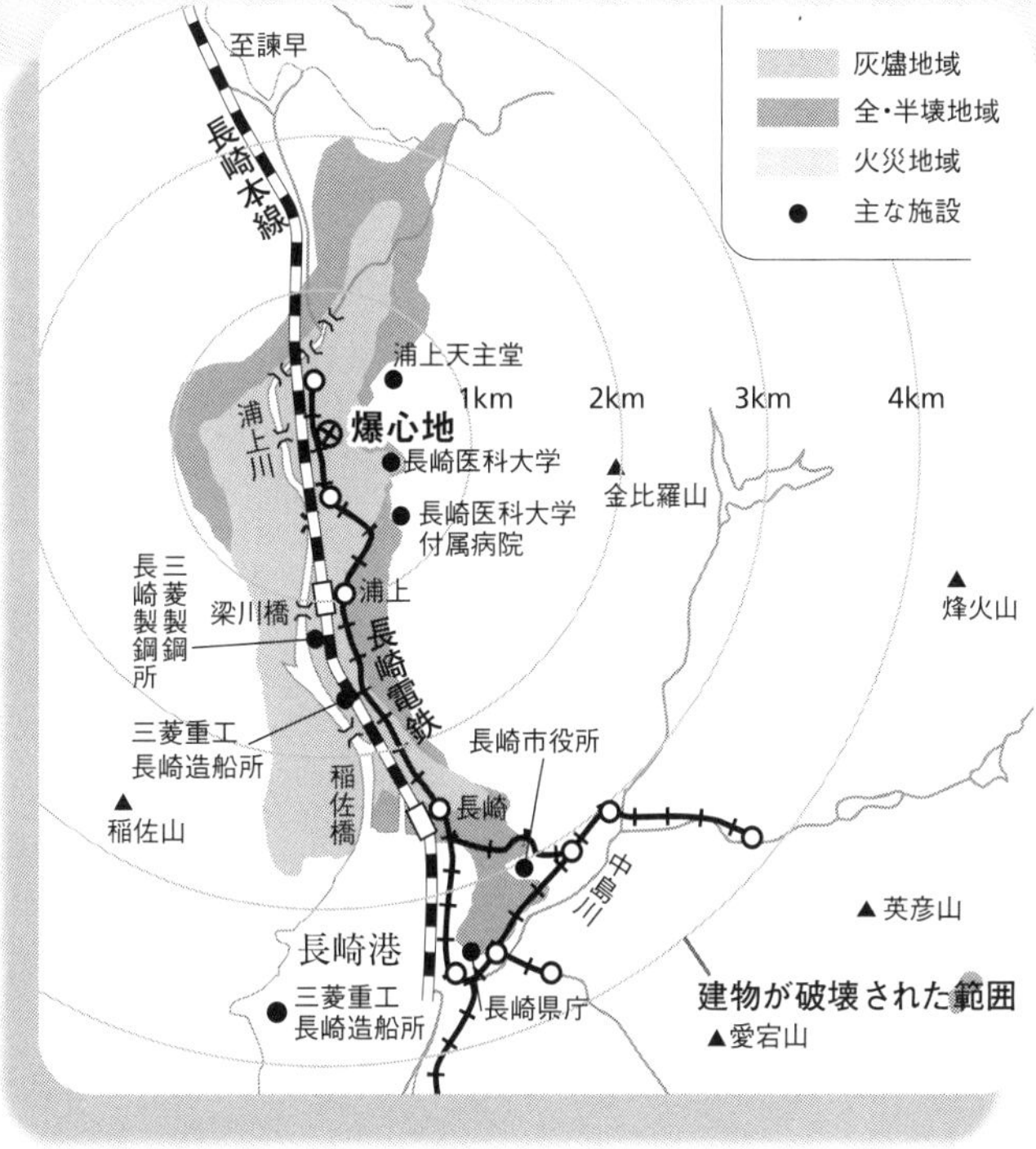

■長崎の原爆による被害状況

人的被害（人）

死亡者	7万3884
負傷者	7万6796
一般被災者	12万0820
5年以内の死者	約14万人

建物被害（戸）

全焼・全壊	1万4146
半焼・半壊	5441

■第一次、第二次世界大戦における主要交戦国の死傷者数

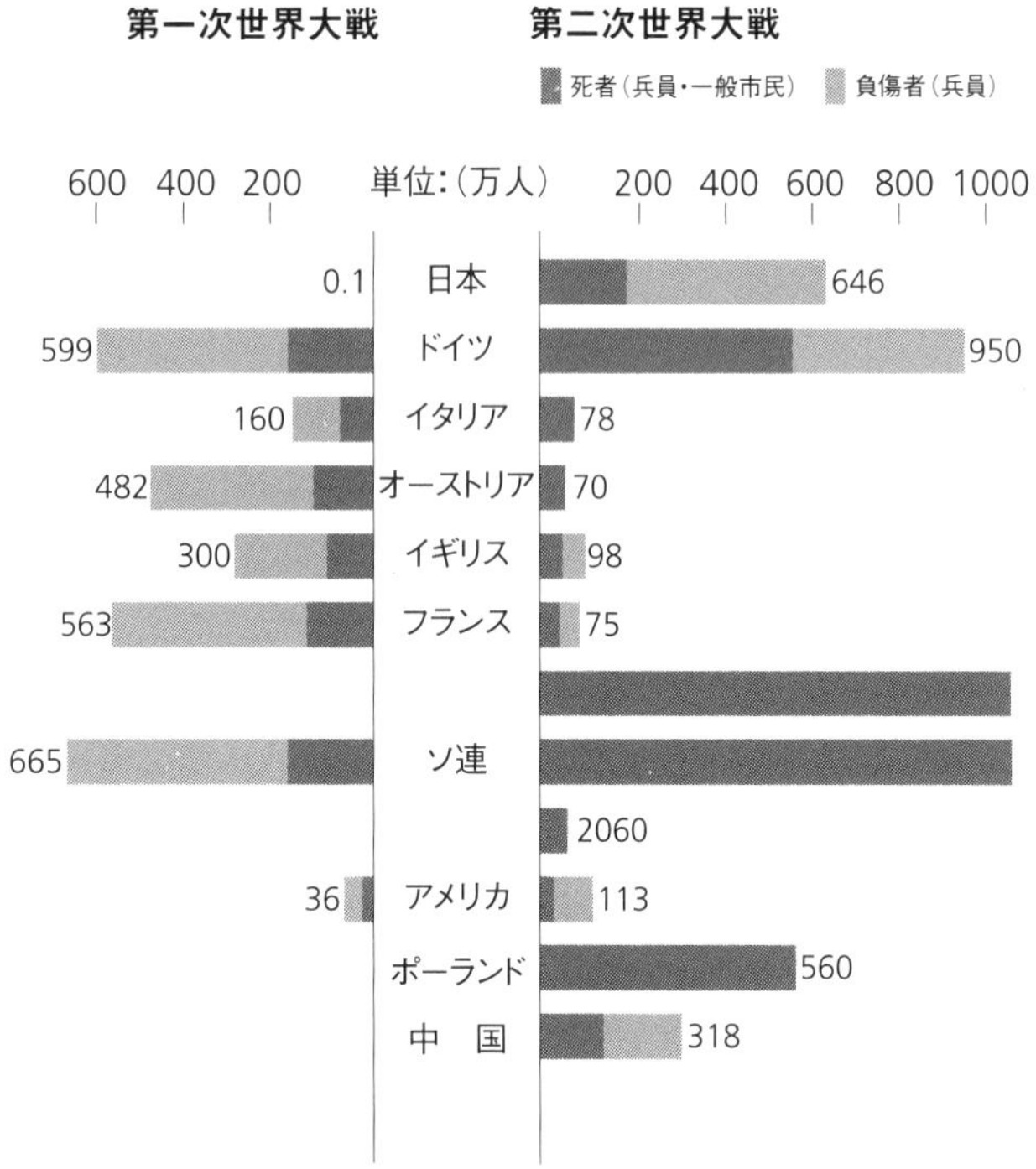

■政府財政における軍事費比率の推移

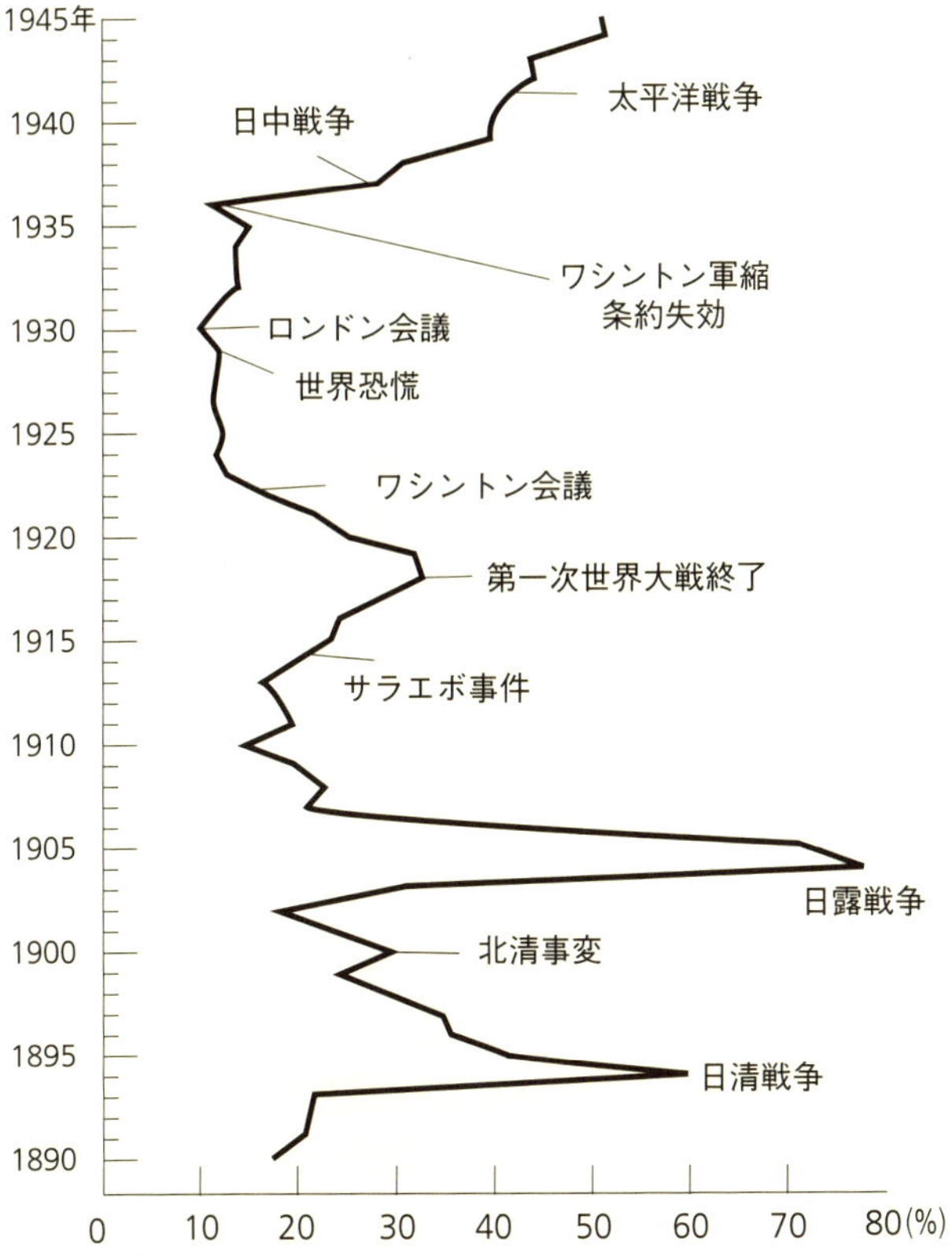

あとがき

予想していたことではあったが、戦争だけを取り上げて漫才をし続けるのは、一年間、かなり辛かった。ずっと終わらないのではないかという感覚になった。

何故、楽しいことだけを表現していればいいはずの漫才で、戦争を語らなければならないのか。漫才師ならば漫才師らしく、嫌なことを忘れさせるような漫才だけをしているべきなのではないかという思いにもなった。コメディアンとしてかなり野暮《やぼ》なことをしたという思いもある。本当にその通りだと思う。私はこの本を創ることによって、以前よりも野暮で、格好悪くなった。

何十年後かの自分が、現在の自分を見たら、何て青臭くて、愚かなんだろうと感じると思うし、また、漫才師になりたての、若い自分が現在の自分を見ても、同様に、ダサくて格好悪い芸人だと感じるだろう。

でも、最近では、それも仕方ないかと思えるようになってきた。この時代、戦争をテーマに漫才をするということに、抗《あらが》えない何かがあった。躊躇《ちゅうちょ》しながらもそれをやってみた。

それだけである。

使命感なんていう大層なものではない。9・11同時多発テロの影響か、イラク戦争の影響か、何だかわからない。ただ、〝テロとの戦争〟という戦争は確かにもう始まっていて、だとすれば、今は戦時中ってことになって、この国もその戦争に参加している。とすれば、現在自分がいる場所は、戦場じゃないかと思ったということだ。そんな中で、日本の戦争というテーマは、漫才として〝旬〟であると感じたということだ。

書き終わってみての感想は、戦争は確かに愚かな行為だし、それを引き起こした過去の人間は確かに愚かに見えるけれど、かといってその存在を否定できないってことだ。今生きている私も、過去の人々と同じぐらい愚かであることは事実だし、もしその時代に生まれていたら、その人々と同じように歴史の一コマとして戦争に参加する存在であった可能性が非常に高いからだ。

これは、何十年後かの自分が、現在の自分を見てとても愚かであると感じるだろうけど、でも、決して否定できないであろうということと同じだ。過去の自分が生きたことの結果として現在の自分があるのだから、それを否定できるわけがない。

いつものごとく、田中聡先生に感謝。

爆笑問題・太田光

［参考文献一覧］

●海野福寿『日清・日露戦争　日本の歴史』（集英社・1992年）
●武田晴人『帝国主義と民本主義　日本の歴史』（集英社・1992年）
●森武麿『アジア・太平洋戦争　日本の歴史』（集英社・1992年）
●有馬学『日本の近代4「国際化」の中の帝国日本　1905〜1924』（中央公論新社・1999年）
●河合敦『［図解］知ってるようで知らない昭和史』（PHP研究所・2000年）
●河合敦『目からウロコの近現代史』（PHP文庫・2005年）
●太平洋戦争研究会編『図解ひと目でわかる！　太平洋戦争』（学習研究社・2005年）

[爆笑問題プロフィール]

太田 光《おおたひかり》

1965年5月13日埼玉県生まれ。日本大学芸術学部中退。身長170cm。

田中裕二《たなかゆうじ》

1965年1月10日東京都生まれ。日本大学芸術学部中退。身長154cm。

＊

1988年結成以来、非現実なまでにギャグ化する社会に対し、
常にそれ以上のギャグをもって対抗してきた。

いまだあらゆる問題を毒+粋+知で爆笑させる過激なパワーは追随を許さない。

2006年、放送のバラエティージャンルからは史上初となる
芸術選奨・文部科学大臣賞を受賞した。

レギュラー番組は、『太田光の私が総理大臣になったら～秘書・田中』(NTV)、

『サンデージャポン』(TBS)、『スタ☆メン』『笑っていいとも!』(CX)、『検索ちゃん』(EX)、

『空飛ぶ!爆チュー問題』(CSフジテレビ721)、『爆笑問題カーボーイ』(TBSラジオ)など多数。

著書に『爆笑問題の日本原論世界激動編』『偽装狂時代』(小社)など多数。

[初出]
『ダヴィンチ』(メディアファクトリー)2005年1月号～12月号

[協力]
田中聡
岩根彰子
タイタン
『ダ・ヴィンチ』編集部／横里隆・服部美穂

[文・構成]
太田 光

[ブックデザイン]
鈴木成一デザイン室

爆笑問題の
戦争論

2006年7月31日　第1刷発行

［著者］
爆笑問題
［発行者］
見城 徹
［発行所］
株式会社 幻冬舎
〒151-0051 東京都渋谷区千駄ヶ谷4-9-7
電話：03(5411)6211(編集)
03(5411)6222(営業)
振替：00120-8-767643
［印刷所・製本所］
中央精版印刷株式会社

 ISBN4-344-01200-3 C0095 Printed in Japan

幻冬舎ホームページアドレス http://www.gentosha.co.jp/
この本に関するご意見・ご感想をメールでお寄せいただく場合は、comment@gentosha.co.jpまで。